Rugby 2024
Le Livre d'Or

Solar, un département d'Édi8
Retrouvez-nous sur www.lisez.com

Directeur : Didier Férat
Direction éditoriale : Jean-Philippe Bouchard
Édition : Corentin Bréhard et Diane Le Poëzeller
Mise en page : Loïc Levêque, sur une maquette de Yoan De Roeck, d'après une charte de On/Off
Fabrication : Emmanuelle Laine
Imprimé en France par Pollina.

ISBN : 978-2-263-18855-8
Code éditeur : L18855
Dépôt légal : août 2024

Crédits photographiques

1re de couverture : IconSport.
4e de couverture : Presse Sports (centre), IconSport (gauche et droite).

Presse Sports, pages : 10, 11, 14-15, 16, 17, 18, 19, 20, 22, 24, 27 (haut), 28, 30, 31, 34, 35, 36, 37, 38, 42, 43 (haut), 44, 48, 52, 54, 56, 59 (haut), 60, 63, 64, 65, 66-67, 68, 72 (bas), 73, 74, 75 (gauche), 78, 79 (bas), 80 (bas), 82, 83, 86, 87, 88, 89, 94, 95 (bas), 96, 97, 98, 99, 100, 101 (droite), 102, 105, 116, 117, 118, 119, 120, 121 (haut), 123, 124, 126, 127 (bas), 128 (gauche), 129 (droite), 130, 131, 132, 133, 135, 136, 137, 138 (gauche).

IconSport, pages : 6, 8-9, 12, 13, 21, 23, 26, 27 (bas), 29, 32, 40, 43 (bas), 46, 49, 55, 58, 59 (bas), 61, 69, 70, 71, 72 (haut), 75 (droite), 76, 77, 79 (haut), 80 (haut), 81, 84, 85, 90, 91, 92, 93, 95 (haut), 101 (gauche), 104, 106-107, 108, 109, 110, 111, 112, 113, 114-115, 121 (bas), 122, 127 (haut), 128-129, 134, 138 (droite), 139.

Panoramic, pages : 4 et 50.

Rugby 2024
Le Livre d'Or

Pierre Michel Bonnot
Maxime Raulin
Préface de Thomas Ramos

SOLAR

TOP 14 RUGBY
FINALE MARSEILLE 2024
AIRBUS
TOP 14 RUGBY
FINALE MARSEILLE 2024
PEUGEOT

À jamais les premiers

Au lendemain du doublé Top 14 – Coupe d'Europe, je ressens de la joie, du bonheur, de la fierté. Même s'il ne remplace pas un titre de champion du monde, qui nous a malheureusement échappé avec l'équipe de France, il ne faut pas banaliser ce que le Stade Toulousain a accompli. Ce doublé reflète notamment le travail effectué chaque année par les joueurs, le staff ou chaque membre de ce club unique. Vingt-trois joueurs sont couchés sur une feuille de match, mais ce doublé récompense le Stade Toulousain dans son ensemble.

La réussite de notre saison s'est sans doute construite pendant la Coupe du monde. Alors que de nombreux internationaux, dont j'avais la chance de faire partie, disputaient le Mondial en France, les autres joueurs de notre équipe se sont envolés pour les États-Unis. Un stage d'une quinzaine de jours où quelque chose s'est créé. L'éclosion et la prise de confiance de tous nos jeunes joueurs qui se sont distingués au fil de notre saison est un autre élément clé de la réussite du Stade Toulousain. Il faut souligner les performances incroyables effectuées par notre équipe pendant les nombreuses périodes de doublon. Je retiendrais également notre phase de poule de Coupe d'Europe. Vingt points sur vingt possibles. C'est un autre fait marquant de notre saison. Il nous a guidés vers les sommets européens. J'évoquerais enfin tous les matches de phase finale, ces matches dits « couperets » que nous avons su gérer à merveille. Avec en point d'orgue nos deux derniers matches face aux deux meilleures équipes de notre Top 14, le Stade Rochelais et l'Union Bordeaux-Bègles. Gagner en inscrivant près de quarante points en demi-finale (39-23) et près de soixante en finale (59-3), n'est pas anodin. Tous ces matches, comme la finale de Coupe d'Europe remportée au bout du suspense en prolongations (22-31), resteront gravés.

J'ai la chance de faire partie d'une génération exceptionnelle. Nous venons de gagner notre sixième titre depuis 2019 avec quatre Boucliers de Brennus (2019, 2021, 2023 et 2024) et deux Coupes d'Europe (2021 et 2024), dont deux doublés. J'ai la sensation que nous commençons à marquer l'Histoire de notre sport. La principale difficulté, dans n'importe quel sport collectif ou individuel, est de faire preuve de régularité. Nous avons la chance d'être présents en phase finale chaque année, ce qui est déjà une performance en soi. Toulouse a réalisé un doublé en 1996, Toulon aussi en 2014. Mais deux doublés, par la même génération, ça n'a jamais été fait. Dans l'Histoire de notre club et du rugby français, nous resterons les premiers à l'avoir fait. C'est fort. Mais ce qui nous anime, c'est de continuer dans ce sens. Continuer à gagner des titres. Encore et encore.

J'ai la chance de me lever chaque matin pour venir m'entraîner dans un club magnifique et vivre des moments exceptionnels. Cette saison est encore géniale ! Je ne peux pas rêver mieux. J'ai même le privilège de clôturer cette saison avec un petit bonus en devenant le meilleur réalisateur du Stade Toulousain avec 1792 points, devant Jean-Baptiste Élissalde (1776). C'est avant tout la récompense d'un travail d'équipe. Je ressens une belle fierté. Mais aussi une forme d'épanouissement.
Je m'éclate.

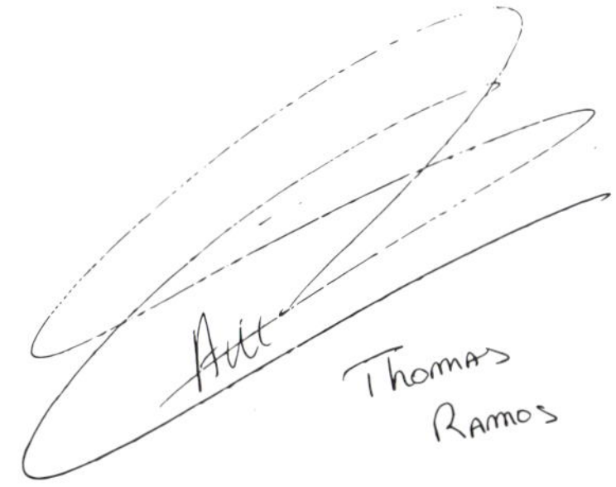

Thomas Ramos est désormais le meilleur réalisateur de l'histoire du Stade Toulousain.

Antoine Dupont
a encore prouvé cette saison qu'il était l'un des meilleurs joueurs de la planète rugby.

Sommaire

L'événement de l'année

Comme après chaque titre, les joueurs du Stade Toulousain présentent le Brennus et la Coupe d'Europe aux supporters, place du Capitole.

Dupont d'or

Au lendemain d'une Coupe du monde frustrante, Antoine Dupont réalise le doublé Coupe d'Europe – Top 14 avec le Stade Toulousain. Le demi de mêlée prouve une fois de plus qu'il n'a pas d'égal.

« Peu de joueurs ont la capacité de révolutionner leur sport, et je pense qu'Antoine est capable de le faire sur les quelques années qu'il lui reste. »

Ugo Mola

En défense, le demi de mêlée et capitaine du Stade Toulousain n'a rien lâché, malgré l'ampleur du score.

Antoine Dupont a encore été déterminant en finale de Top 14 face à l'UBB. Son jeu au pied a fait reculer la défense bordelaise.

La veille de la finale, dans une interview à *Rugby Pass*, Eddie Jones, l'actuel sélectionneur du Japon, passé par l'Australie, l'Afrique du Sud ou plus récemment l'Angleterre, avait désigné les Néo-Zélandais Ardie Savea et Richie Mo'unga ainsi que le Sud-Africain Cheslin Kolbe comme les trois meilleurs joueurs du monde. Point d'Antoine Dupont. « Antoine Dupont est un des meilleurs joueurs au monde, il n'y a absolument aucun doute là-dessus, a néanmoins précisé Eddie Jones à *L'Équipe* dans la foulée. Il a toute la panoplie, en attaque, en défense. Il influence son équipe et il est de ceux qui sont capables de renverser le cours d'un match sur un éclair de génie, sur une seule action. Quand on m'a demandé de faire ce classement, j'ai répondu du tac-au-tac, mais j'aurais tout à fait pu mettre Antoine sur ce podium car il est évidemment de cette trempe-là. » Si Eddie Jones a regardé la finale du Top 14, on imagine que s'il avait été interrogé juste après celle-ci, Antoine Dupont aurait été cette fois cité par le technicien d'origine australienne.

Un jeu au pied monstrueux

Le demi de mêlée du Stade Toulousain a éclaboussé cette finale face à l'UBB (59-3) de toute sa classe et de tout son talent. Au-delà de son doublé et notamment du chef-d'œuvre réalisé sur son second essai, Antoine Dupont n'a jamais cessé durant les 72 minutes qu'il a disputées de prouver qu'il n'a pas d'équivalent à son poste et sans doute sur la planète rugby.
Bien entendu, l'international tricolore n'a pas tout réussi. Il y a eu quelques ratés, comme ce contre de Bastien Vergnes-Taillefer en première période. Mais le demi de mêlée a mis tellement de rythme... Beaucoup trop pour la défense girondine en tout cas. Il a été intenable. Une performance dans la lignée de sa finale de Coupe d'Europe face au Leinster (22-31, a.p.) où il avait été irrésistible et guidé les siens vers la victoire dans une rencontre à l'extrême opposé de cette finale de Top 14. Face à la furia irlandaise, Antoine Dupont s'était cette fois appuyé sur un jeu au pied monstrueux. Mais il avait été surtout capital dans le jeu au sol en grattant quatre ballons ! En deux finales, toute la panoplie du rugbyman complet (parfait ?) y était passée. Du grand art.

Déjà quatre Brennus et deux Coupes d'Europe

Antoine Dupont est un champion, un vrai. Il passe rarement au travers lors d'un événement majeur, même si certains détracteurs (il en existe toujours) expliqueront qu'avec lui, l'équipe de France s'est une nouvelle fois arrêtée au stade des quarts de finale de la Coupe du monde... Certes. Mais avec une fracture au visage et une montée en puissance coupée par ce coup du sort. Cette saison, Antoine Dupont, qui n'a pas disputé le Tournoi des VI Nations pour bifurquer vers l'équipe de France à 7 et les Jeux olympiques en ligne de mire, a géré sa saison d'une main de maître. Il a joué 22 matches sous le maillot du Stade Toulousain, dont 17 comme titulaire, pour 11 essais inscrits. « On l'a sollicité de façon sporadique dans la saison et à chaque fois qu'il a été avec nous, il a été un grand joueur, félicite son manager Ugo Mola, le doublé en poche. Son statut n'est plus à définir. Peu de joueurs ont la capacité de révolutionner leur sport, et je pense qu'Antoine est capable de le faire sur les quelques années qu'il lui reste. »
À seulement 27 ans, Antoine Dupont compte un palmarès déjà très étoffé avec quatre boucliers de Brennus (2019, 2021, 2023 et 2024) et deux Coupes d'Europe (2021 et 2024). Il a réalisé deux fois le doublé (2021 et 2024). Difficile d'imaginer que ça va s'arrêter là. La galaxie Dupont n'a sans doute pas encore livré tous ses mystères.

Le succès dans la peau

Club le plus titré, auteur d'un nouveau doublé Top 14 – Coupe d'Europe, le Stade Toulousain semble loin devant ses principaux concurrents. Culture de la gagne, formation, recrutement... Pourquoi ça gagne !

Quatre titres de champion de France sur les cinq derniers attribués depuis 2019 (en 2020, la saison a été arrêtée en raison du Covid-19), qui va pouvoir stopper l'hégémonie du Stade Toulousain lors des prochaines saisons ? Difficile de répondre. Pourtant, les candidats au bouclier de Brennus sont plus nombreux que la précédente

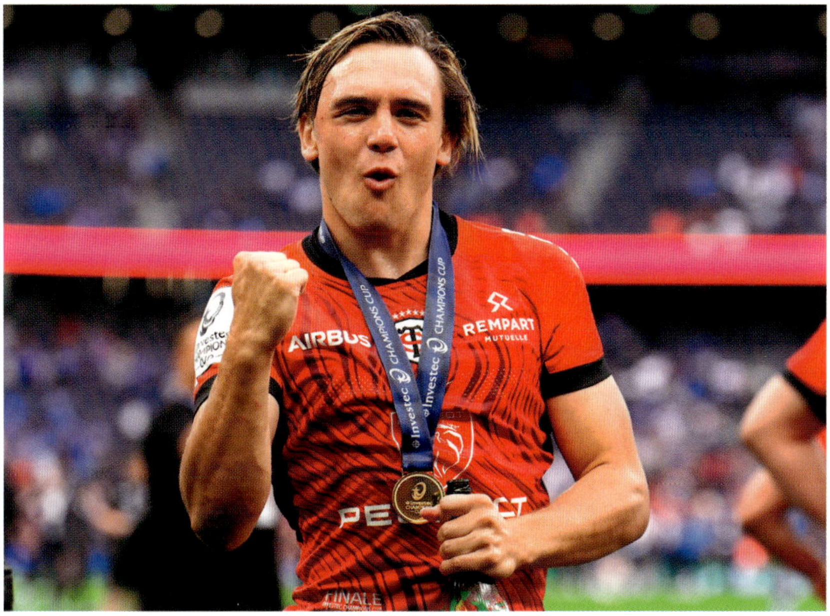

Titulaire en finale de la Coupe d'Europe, le centre Paul Costes (21 ans) est l'une des révélations de la saison et une figure de proue de la jeunesse toulousaine.

décennie, mais à la fin, c'est le Stade Toulousain qui gagne. Presque toujours… Cette success story n'est pas le fruit du hasard.
Il n'y a pas si longtemps, le Stade Toulousain ne gagnait plus. Le club Rouge et Noir a vécu une disette de sept ans entre 2012 et 2019. Preuve que jamais rien n'est acquis. On doute néanmoins que cela se reproduise dans un futur proche. Didier Lacroix, président depuis 2017, Jérôme Cazalbou, manager du haut niveau, et Ugo Mola, manager sportif, veillent à ce que l'institution continue de grandir. Ces trois têtes pensantes, qui prennent toutes les décisions majeures à l'unanimité, ont déjà gagné

« Depuis que je suis arrivé, c'est ce qu'on me répète : gagner. »

Thomas Ramos

sous le maillot du Stade Toulousain comme joueurs. Cette culture de la gagne se transmet de génération en génération. Elle coule dans les veines de chaque gamin qui s'inscrit à l'école de rugby. L'arrière Thomas Ramos le rappelait d'ailleurs la veille de la finale du Top 14 : « Le club possède cette envie de gagner. On est dans un club qui cultive la gagne. Depuis que je suis arrivé, c'est ce qu'on me répète : gagner. »

Le manager Ugo Mola avec la Coupe d'Europe et le capitaine avec le Brennus peuvent être fiers de la saison du Stade Toulousain, auteur d'un nouveau doublé.

59 joueurs utilisés cette saison

L'autre force du Stade Toulousain : la qualité de sa formation. Si Ugo Mola reconnaît qu'il entraîne une génération exceptionnelle, faite de talents individuels incroyables à l'image des Dupont ou Ntamack, c'est aussi grâce au travail de formation effectué par l'ensemble du club. Si les Marchand, Mauvaka, Baille, Lebel ou encore Ramos semblent atteindre leur apogée, la saison a été marquée par l'émergence de nouvelles pépites « made in Stade Toulousain ».
À commencer par Paul Costes (21 ans). Le centre réalise une saison pleine, au point d'être titulaire en finale de Coupe d'Europe. Autre révélation : Mathis Castro-Ferreira. Le troisième-ligne a fait plus que le job quand les internationaux manquaient à l'appel. Le pilier Joel Merkler (22 ans) a assuré à la suite de la blessure de Nepo Laulala. On pourrait également citer le deuxième-ligne Clément Vergé (22 ans) et le troisième-ligne Joshua Brennan (22 ans), tous deux auteurs d'une entrée remarquée en finale du Top 14. La liste est non-exhaustive. Cette nouvelle génération semble suivre les pas de la précédente. À chaque fois que le staff toulousain a été contraint d'aligner une équipe fortement remaniée cette saison, les jeunes stadistes ont répondu présents avec des victoires de prestige à Clermont (33-37) ou Montpellier (22-29). 59 joueurs ont d'ailleurs été utilisés cette saison.

Ramos : « On ne va pas s'arrêter là »

Si le Stade Toulousain s'appuie fortement sur sa formation, le club a enfin cette faculté de rarement se tromper dans son recrutement « extérieur ». Le symbole cette saison se nomme Blair Kinghorn. Quand l'Écossais a débarqué fin novembre dans la Ville Rose, il a très vite trouvé ses marques. Un doublé dès sa première apparition n'a fait que confirmer la bonne pioche. Kinghorn a réalisé une saison pleine (14 matches, 7 essais) au point de reléguer Thomas Ramos sur le banc des remplaçants en finale de Coupe d'Europe. Toulouse recrute peu, mais bien. On pourrait citer Pita Ahki, Juan Cruz Mallia, Santiago Chocobares ou encore Emmanuel Meafou, inconnu au bataillon quand il a débarqué en fin d'année 2018. Aujourd'hui, il est considéré comme l'un des meilleurs deuxième-ligne du monde.
Après ce nouveau doublé, le second après celui de 2021, Thomas Ramos lançait : « Quand on voit la génération qu'on a, la moyenne d'âge qu'on a, je suis sûr que ce groupe ne va pas s'arrêter là. » On a tendance à le croire…

Imbattable

10

Le Stade Toulousain a gagné les dix dernières finales (Top 14 et Coupe d'Europe confondus) qu'il a disputées. La dernière défaite à ce stade de la compétition remonte à la finale de Coupe d'Europe 2008, face au Munster (défaite 16-13).

La saison du XV de France

Regrets éternels. Gaël Fickou et les Bleus n'auront rien gagné cette saison. Ni la Coupe du monde à la maison, ni le Tournoi.

Un point c'est tout !

Vainqueurs de leurs trois matches de phase finale d'un petit point, les Sud-Africains ont décroché avec un pragmatisme sans faille ce titre mondial auquel la France croyait si fort.

La Coupe du monde débute bien pour l'équipe de France et Antoine Dupont, avec une victoire sur la Nouvelle-Zélande lors du match d'ouverture.

Bis repetita. L'Afrique du Sud conserve son titre mondial. Les hommes de Siya Kolisi l'emportent face à la Nouvelle-Zélande au Stade de France.

C'est toujours très, très long une Coupe du monde quand l'équipe de France trébuche dès le quart de finale. Telle brutale chute de tension était déjà survenue trois fois par le passé. Mais ni la retorse victoire des Anglais au Parc des Princes en 1991, ni la déroute majuscule face aux All Blacks à Cardiff en 2015, ni le court crochet asséné par les Gallois à Oita en 2019, n'avaient fait naître autant de frustration et d'amertume que cet échec d'un microscopique petit point face aux futurs champions du monde sud-africains.

C'est que ces Tricolores-là avaient fait naître tant d'espoir et accroché si haut cette ésotérique « flèche du temps » qu'ils suivaient aveuglément depuis quatre ans dans le sillage d'Antoine Dupont, leur grand timonier de poche et Fabien Galthié, l'archer de l'ambitieux concept qui devait les mener au firmament de l'Ovale.

Cette Coupe du monde à la maison, c'était écrit, c'était signé, c'était la leur et ils ne s'en faisaient pas mystère depuis quatre ans.

L'ambition légitime des Bleus

Dame, au sortir d'un Grand Chelem en 2022, le premier après dix ans de disette, de victoires sur les trois nations référence du Sud et, pour la première fois, d'un bref passage au rang de numéro un mondial, leur ambition semblait légitime, et toute la France du rugby et de sa périphérie poussait derrière eux.

Leur fraîcheur, leur épatante confiance en leur destin dans les plus sévères tourmentes, leur sérieux sans faille avaient permis de faire oublier les turpitudes d'une fédération trop longtemps empêtrée dans les affaires, le kitsch parti pris d'une cérémonie d'ouverture à la bonne franquette vintage, les dissonances de chœurs enfantins inadaptés aux mâles accents des hymnes nationaux ou la litanie de matches de poules trop souvent trop déséquilibrés.

Et sous le chaud soleil d'un été qui ne voulait pas mourir, jamais une Coupe du monde n'avait attiré tant de spectateurs, de téléspectateurs, de supporters dans les fans zones pour assister aux rares exploits de petites équipes au grand cœur, à commencer par celui du Portugal vainqueur de son premier match de Coupe du monde face aux Fidji, ou à quelques démonstrations de rugby *new age* au sommet desquels trônerait l'étourdissant sommet de la Poule B entre ambitieux du jeu irlandais et néo-zélandais.

Sauf que, derrière les assourdissants flonflons de la kermesse populaire et la rengaine des scores fleuves, la rude réalité du rugby de toujours attendait son heure, celle de phases finales où l'air soudain se fait rare. Et de manière d'autant plus inéluctable qu'un tirage au sort inepte effectué trois ans avant le début de la compétition avait placé trois des quatre premières nations mondiales de l'heure dans la même moitié de tableau et qu'un calendrier distendu supposé favoriser l'équité sportive en même temps que la récupération des petites nations avait imposé aux Bleus six semaines de matches sans réel enjeu et quinze jours de chômage technique entre l'épatant match d'ouverture remporté face aux Blacks et le rendez-vous sans appel avec les Springboks, deuxième de la poule dite de la mort, plutôt qu'avec l'Irlande, en quart de finale.

Des Boks bien froids

Battus par l'Afrique du Sud en quart, les Bleus quittent leur Coupe du monde par la petite porte.

Dans la lumière crue d'un choc aussi brûlant, il aurait fallu sans doute que la France se montre aussi acharnée à croire en son destin que celle qui, dans le destructeur sillage de Thierry Dusautoir, avait réussi en 2007 à s'arracher à l'inéluctable d'une défaite annoncée face à la Nouvelle-Zélande en quarts de finale à Cardiff pour survivre un tour de plus à sa propre Coupe du monde.
Sauf que cette Afrique du Sud était faite d'un autre alliage que celui de All Blacks orphelins de Dan Carter et sans doute un peu trop sûrs de leur fait. Un alliage fait de vitesse et de fantaisie apportée par l'intégration des forces noires de la Nation arc-en-ciel à la rudesse, à la puissance, au dévouement aveugle à un plan de jeu du rugby boer de toujours, auquel il était impossible de croire lorsque l'Afrique du Sud renonça enfin en 1993 à l'obscurantisme de l'apartheid.
Un miracle de cohabitation tout entier symbolisé par Siya Kolisi, premier capitaine de couleur d'un sport qui avait servi, un siècle durant, de vitrine à la domination blanche sur le restant de la population.

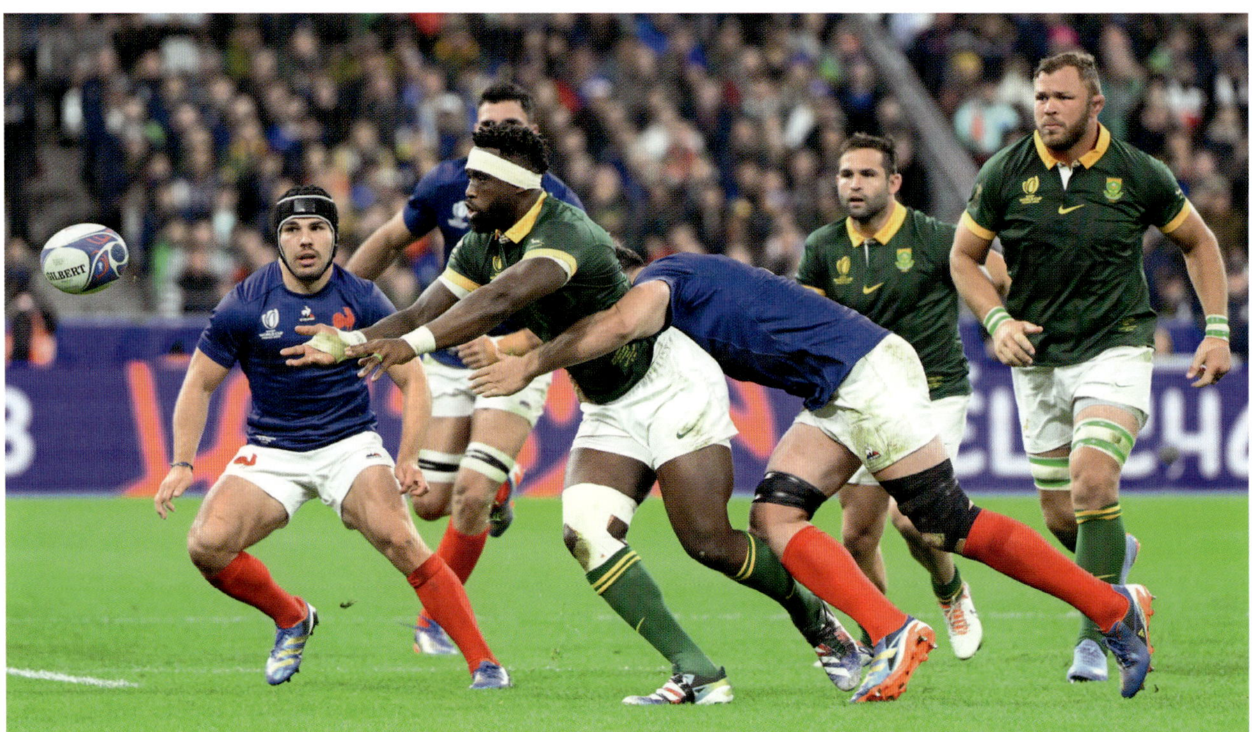

Antoine Dupont, de retour et casqué, mais aussi Anthony Jelonch, qui plaque Siya Kolisi, ne peuvent rien contre la puissance des Sud-Africains.

Fin du rêve.
Les Bleus sont éliminés dès les quarts de finale. Tous dépités, à l'image du pilier Dorian Aldegheri, mains sur la tête.

Âpre et déglingué

Tout autant que de son cas d'ancien enfant des townships déshérités, c'est tout cela qu'évoqua Kolisi, quand il expliqua après la victoire finale : « Pour nous c'est un privilège, pas une pression de représenter notre pays. On vient de milieux différents. J'avais mes raisons pour jouer au rugby et on avait chacun les nôtres, mais notre pays, c'est ce qui nous unit. Il faut être Sud-Africain pour comprendre ça. »

Bien sûr les Bleus avaient dit à peu près la même chose et peut-être même y croyaient-ils vraiment, mais volonté contre volonté, celle des « gosses de riches » du Top 14 attachés à leur propre destin n'était peut-être pas aussi inoxydable que celle de l'élite d'une nation si riche de rugbymen de talent et si dénuée de tout.

Liés par un aveuglant désir d'offrir enfin à la France son premier titre de championne du monde, les Bleus sortirent de cette courte défaite d'autant plus chamboulés qu'ils avaient effectivement donné le meilleur d'eux-mêmes, eu la sensation de maîtriser leur jeu en même temps que le fil du match plus d'une mi-temps durant et qu'ils n'étaient battus que d'un foutu petit point.

« On vient de milieux différents. Notre pays, c'est ce qui nous unit. Il faut être Sud-Africain pour comprendre ça. »

Siya Kolisi

Mais, sans doute ce quart de finale tout d'abord un rien déglingué, puis de plus en plus âpre à mesure qu'un score étriqué imposait sa chape de plomb, s'était-il perdu ailleurs que sur le terrain. Dans un environnement général trop bienveillant, encouragé dans ses louanges par une bien belle victoire en trompe-l'œil sur des All Blacks encore amputés de quatre de leurs éléments de base, Jordie Barrett, Sam Cane le capitaine, Shannon Frizell et Tyrel Lomax. Mais plus sûrement dans l'approche psychologique et tactique du match.

Greg Alldritt ne peut rien contre Damian De Allende. L'Afrique du Sud inscrit quatre essais contre trois aux Français.

Aveu de faiblesse

La majorité des joueurs de culture anglo-saxonne qui ont vécu le quotidien pourtant moins oppressant du Top 14, soulignent régulièrement à quel point le rugby se vit en France dans l'émotion. Et comment leur donner tort quand on découvre un sélectionneur au bord des larmes en annonçant l'entorse du genou de son ouvreur de confiance ou la fracture maxillo-zygomatique de son demi de mêlée vedette, quand la présidente de l'Assemblée nationale adresse en séance parlementaire ses vœux de bon rétablissement au capitaine de « notre » équipe de France ?

L'acharnement à faire débuter Antoine Dupont puis à le laisser sur le terrain jusqu'au coup de sifflet fatal, trois petites semaines seulement après sa blessure face à l'insignifiante Namibie sonna a posteriori comme un aveu de faiblesse et d'autant plus que, dans le même temps, Rassie Erasmus, le maître à penser du sélectionneur sud-africain, allait oser sortir sa charnière championne du monde en titre De Klerk-Pollard pour aligner la pétaradante doublette Reinach-Libbok en dépit de la fragilité face aux perches de ce dernier.

Rattrapée par la nervosité ambiante du vestiaire et l'étouffante pression d'un rendez-vous en forme de banco, cette équipe de France, épatante de détachement dans la tempête, de sang-froid, de solidarité défensive et d'efficacité foudroyante dans le money time quatre saisons durant, allait perdre un peu de ces vertus princeps à mesure que le match avançait.

Oh, elle était toujours au coude-à-coude avec le champion du monde, menant même à la mi-temps et encore à la soixante-sixième minute !

Mais sa débauche d'énergie de la première mi-temps, ses deux essais de Baille, celui de Mauvaka dans la première demi-heure de jeu, n'empêchaient pas Gaël Fickou d'avoir goinfré un ballon de 14-0 après dix minutes d'une entame de feu ni la France de s'être trouée dans les grandes largeurs sur le prévisible combat aérien pour écailler définitivement son vernis défensif sur trois essais parfaitement gérés par Arendse, Allende et l'intenable Kolbe avant même la mi-temps.
Elle n'empêchait pas les Bleus, à contre-emploi des trois saisons qui avaient précédé, de surjouer comme ils l'avaient déjà fait lors de la défaite de Dublin dans le Tournoi.

L'AfSud, première nation sacrée quatre fois

Elle n'empêchait surtout pas les Sud-Africains de demeurer froids comme la mort et d'attendre la première pénaltouche dévissée par Jalibert, le premier renvoi caviardé par Ramos et bien sûr la rentrée de sa *bomb squad*, ce banc surpuissant reflet de l'infinie profondeur du rugby sud-africain, pour aller chercher le petit point qui changeait en plomb le rêve doré de Tricolores.

Un point, un point c'était tout et, bien mince consolation, ce serait encore tout en demie face aux « Survivors » Anglais acharnés à ne rien faire avec une belle application et en finale face à des All Blacks sans doute enclins à en faire un peu trop offensivement pour ne pas s'exposer aux implacables effets de l'hyper-réalisme et de l'intelligence tactique Springbok.
Au terme du long hiver de cette phase finale sans entrain où même les spectres en guenille des « outsiders » anglais et argentins avaient réussi à faire mieux que des Bleus durablement meurtris, l'Afrique du Sud devenait la première nation quatre fois sacrée.
Elle prenait même le large à « l'indice de performance » puisque les méfaits de l'apartheid l'avaient privée des deux premières éditions d'une Coupe du monde qu'elle considérait un peu comme la sienne pour en avoir perdu l'organisation sur de mirobolantes et fallacieuses promesses financières du comité de candidature français. Et quoi que puissent en penser des millions de supporters français ou néo-zélandais meurtris, elle ne l'avait certainement pas volée.

Face à des gaillards anglais revenus de nulle part, les Sud-Africains passent une fois de plus par la plus petite des portes (16-15).

L'arbitrage en danger

Malgré toujours plus de technologie, les polémiques concernant l'arbitrage ont émaillé la compétition.

Pas volé ! Et l'arbitrage honteux du quart de finale direz-vous, si vous êtes un supporter français, de la finale si vous êtes un fan des All Blacks et de bien d'autres nations si vous êtes les groupies de bien d'autres vaincus pareillement frustrés au cours la compétition.
C'est que jamais il n'a été autant question d'arbitrage au fil d'un Mondial et cela peut sembler d'autant plus paradoxal que jamais les arbitres n'avaient bénéficié de technologie si pointue pour rendre la justice sans faillir.
On ne sait pas si l'on dit souvent que « le mieux est l'ennemi du bien » dans la langue de Bill Beaumont, le président de World Rugby, mais le fait est que l'introduction à la dernière minute d'un système de *bunker* destiné à trancher la couleur définitive des cartons distribués en cas de brutalité, n'a fait que saper un peu plus l'autorité d'un corps arbitral dépouillé d'un dernier pan de son autorité et l'inciter à avoir recours de manière maladive à l'assistance vidéo.
« La technologie est devenue une arme à double tranchant », regrettait dans sa chronique au *Wales Online* Nigel Owens, ex-merle siffleur d'envergure planétaire, au lendemain d'un France-Afrique du Sud porté au bord de l'explosion dans la cocotte-minute du Stade de France. « Elle met énormément de pression sur les arbitres : comme ils savent que les images sont facilement accessibles par tous, ils ont tellement peur de commettre des erreurs qu'ils n'osent plus prendre de décisions fortes. Ils cherchent à être parfaits, alors que personne ne l'est ! »

Ben O'Keeffe dans le viseur. Plusieurs décisions de l'arbitre néo-zélandais sont stigmatisées par le camp français.

Cloué au pilori

Ça n'était certes pas la première fois que l'arbitre d'un match de la France, nation particulièrement chatouilleuse de l'injustice, se trouvait cloué au pilori. Et messieurs Bishop, Bevan et Joubert seuls responsables, bien sûr, des défaites du quart de finale France-Angleterre en 1991, de la demie Afrique du Sud-France en 1995 et de la finale Nouvelle-Zélande-France en 2011, peuvent en témoigner pour avoir été pareillement voués aux gémonies.
La différence, outre l'effrayant effet de caisse de résonance haineuse des réseaux sociaux, c'est que la vindicte populaire allait cette fois se tromper de cible.
Bien sûr le Néo-Zélandais Ben O'Keeffe n'avait pas été au sommet de son art dans un stade surchauffé qui tentait d'arbitrer chaque action contraire sans connaître un centième des subtilités de la règle. Et après enquête World Rugby, le rendit responsable de cinq erreurs, trois en défaveur de la France, deux aux dépens de son adversaire.
Pas très loin des normes d'un tel match et pas suffisamment déséquilibré en tout cas pour le soupçonner d'être vendu aux puissances de l'anti-France !

En fait, comme le nota l'ex-arbitre Alexandre Ruiz au soir du match, il avait été cohérent dans sa manière d'arbitrer du début à la fin même si, dans la ligne d'un renversement de tendance en cours de compétition, il ne s'était pas montré très regardant sur le jeu au sol. Les Sud-Africains qui avaient déjà été arbitrés par lui lors de leur défaite en poule face à l'Irlande surent en tirer avantage, quand les Français n'osaient toujours pas « y mettre les mains », comme les y invita Fabien Galthié à la mi-temps.
Et puis, il y a erreur sur la personne, car si le nom de Brendon Pickerill ne vous dit rien, c'est pourtant lui qui décida pour finir du sort de ce quart de finale par ailleurs emballant. Le compte rendu du dialogue entre les Français, l'arbitre de champ et ce TMO (arbitre vidéo) publié dans *L'Équipe* est d'ailleurs révélateur de son invraisemblable influence.
La décision sur l'absence d'en-avant d'Etzebeth sur un côté fermé quasi gagnant pour porter l'avance tricolore à 14-0 d'entrée de match, c'est lui ! Le départ de dragster au premier frémissement de doigt de pied de Ramos qui permet à Kolbe de contrer une transformation, pas relevé par lui ! L'absence de carton pour le déblayage à la tête de Du Toit sur Danty ou de Penaud sur Etzebeth, toujours ce bon vieux Brendon !
En revanche les ballons qui rebondissent sur le nez de Bielle-Biarrey ou Woki sous des demi-chandelles de haute stratégie pour deux essais cadeaux, le deux contre un mal négocié en début de match par Fickou, le coup de pied de pénalité rétro de Jalibert ou le renvoi directement en touche de Ramos, ça n'est ni l'arbitre de champ, ni son indic vidéo.

Wayne Barnes exclut le capitaine néo-zélandais Sam Cane en finale de la Coupe du monde dès la 29e minute de jeu.

Oubliant qu'un ballon à deux pointes n'en fera toujours pour finir qu'à sa tête et qu'un bon arbitre est celui qui, entre deux erreurs de jugement potentielles, sait choisir celle de moins d'influence, le rugby s'était perdu en route en voulant trop bien faire.

On ne sait pas si, comme le regretta Antoine Dupont frustré au sortir de cette défaite pas si illogique, l'arbitre n'avait pas « été à la hauteur de l'enjeu », mais il faut malheureusement bien admettre que les Bleus n'avaient pas été tout à fait à la hauteur du plan de jeu aussi brutal que malin proposé par les Springboks.

Cyber-haine

L'arbitrage un poil laxiste de monsieur O'Keeffe auquel personne n'avait trouvé à redire lorsqu'il avait accompagné le triomphe bleu de Twickenham quelques mois plus tôt, avait certes manqué d'autorité et peut-être même de lucidité. Mais il est probable que la nervosité du capitaine français et de trop d'autres tricolores, l'interrogeant sur ses décisions dès la huitième minute pour ne plus le lâcher jusqu'à l'ultime coup de sifflet, ne contribua pas à sa sérénité.
Une défaite d'un malheureux petit point, ne pouvait que retourner une nation à laquelle on avait quasiment promis la victoire finale et on ne s'étonnera pas que cinquante-neuf pour cent des Français aient jugé que le *referee* néo-zélandais était « le responsable principal » de ce cauchemar.
Mais pour avoir privé l'arbitre du pouvoir d'appliquer sans appel la peine capitale du carton rouge en le mettant sous le joug de la vidéo, pour avoir amplifié l'illusion d'une impossible équité dans un sport de fureur et de combats obscurs, World Rugby avait ouvert la boîte de Pandore d'une cyber-haine qui allait submerger Ben O'Keeffe et Wayne Barnes, l'arbitre de la finale, le meilleur du monde sans doute, ainsi poussé prématurément à la retraite.
Oubliant qu'un ballon à deux pointes n'en fera toujours pour finir qu'à sa tête et qu'un bon arbitre est celui qui, entre deux erreurs de jugement potentielles, sait choisir celle de moins d'influence, le rugby s'était perdu en route en voulant trop bien faire. Et on ne voyait pas très bien quelle technologie nouvelle et irréprochable pourrait le ramener sur les chemins de la tolérance et de la légèreté.

OLIVON
7
ALTRAD

Un tournoi en apnée

Laborieux dauphins d'Irlandais à bout de souffle, les Bleus déstabilisés par leur Mondial auront fait preuve de beaucoup de caractère pour arracher deux victoires malgré une défense fragile et un plan de jeu nébuleux.

En l'absence d'Antoine Dupont, Nolann Le Garrec prouve tout le bien qu'on pense de lui en fin de Tournoi avec notamment un essai face aux Anglais.

Et puis, pour résumer le stress qui avait accompagné les pas des Bleus, il y eut cette petite phrase de Grégory Alldritt, leur capitaine, au sortir d'une de ces victoires épiques sur le vieux rival anglais qui suffit à elle seule à vous sauver un Tournoi : « C'était important pour nous de terminer le plus haut possible, cette deuxième place permet d'avoir un climat un peu plus confortable pour la tournée d'été, car finir quatrième aurait encore suscité des questions et n'aurait pas constitué un climat propice pour travailler. »

Oh, pas que Fabien Galthié ait vraiment risqué sa peau, l'impécunieuse FFR n'ayant pas les moyens de se payer son licenciement prématuré, mais enfin tous ceux que les brumes de la communication et du plan de vol de Fabien Galthié n'en finissent plus d'exaspérer depuis le Mondial, s'en seraient donné à cœur joie en cas de défaite finale à Lyon.

Tel quel le bilan de plus en plus poulidorien qui apportait aux Bleus leur quatrième deuxième place en cinq ans, ses treize essais inscrits pour quatorze encaissés, ses deux cartons rouges, ses deux victoires sur le fil à la suite d'un ultime arbitrage vidéo favorable à Édimbourg et une généreuse pénalité de dernière minute à Lyon, son match nul miraculeux contre l'Italie sur poteau sortant du malheureux Paolo Garbisi, laissait place à toutes les interprétations.

Des cadres usés

On pouvait se réjouir de la constance de ce groupe à détester la victoire, louer la petite flamme d'une réussite que savent entretenir ceux qui ne lâchent rien ou bien y voir le signe de l'inexorable perte d'influence de son coach qui, en fixant l'étouffant objectif d'une victoire finale d'une Coupe du monde à domicile plutôt que l'aborder match par match s'était fourré sa « flèche du temps » dans l'œil jusqu'au slip de bain qu'il oublie parfois d'emporter à la plage, et n'était pas parvenu à remobiliser des troupes exsangues autour des exténuants impératifs d'un système de dépossession et de rush défense, qu'ils avaient porté pendant quatre saisons.

Il faut dire que son jeu d'évitement de toute communication au sortir de la Coupe du monde, son obstination à se cacher derrière les datas du déni, des « expected points » lors des innombrables entrées dans « la zone de conclusion » qui lui confirmaient que la France avait bien battu l'Afrique du Sud, à défaut de convaincre ses joueurs, et plus généralement son entêtement à produire une morne imitation d'Aldo Maccione dans *Tais-toi quand tu parles* à chaque conférence de presse pour enfumer les journalistes en même temps que les plus bienveillants supporters, avaient sapé son crédit et ouvert la porte à tout un tas d'experts qui lui voulaient du bien.

La chute brutale face à des Irlandais trop faciles à Marseille en ouverture du Tournoi allait projeter une lumière crue sur l'évidente usure des cadres tricolores auxquels Fabien Galthié reconnut plus tard n'avoir pas voulu « enlever le maillot » en dépit de tests physiques catastrophiques.

Emballante Italie

Réussis ou non, les lendemains de Coupe du monde posent toujours le problème de l'après, lorsque les plus anciens n'ont pas le désir de raccrocher d'eux-mêmes, et l'on se souvient par exemple que Philippe Saint-André s'était gâché un Tournoi en n'osant pas pousser vers la sortie la génération des Servat, Bonnaire, Nallet ou Yachvili au lendemain de l'improbable et pourtant plus glorieuse aventure qui les avait menés en finale en 2011.

C'est que Fabien Galthié, à la manière d'un Jacques Fouroux adoptant tour à tour le modèle anglais ou australien au hasard de chaque nouvelle défaite, n'avait pas caché son intention d'imiter la triomphante Afrique du Sud et d'amener 80 % à 90 % des vaincus du quart de finale jusqu'en 2027 : « Pourquoi on serait la seule nation qui ne pourrait pas le faire ? », s'était-il interrogé. Peut-être parce que le Top 14 est le championnat le plus abrutissant du monde et qu'on ne trouve que deux Français d'un autre âge (Fabien Pelous et Philippe Sella) dans la liste des quatre-vingt-douze internationaux à plus de cent sélections.

Le bilan poulidorien des Bleus, quatre fois deuxièmes en cinq ans, laisse place à toutes les interprétations.

Mais si ce « contrat de confiance » passé avec ses cadres avait suffi à éviter le pire à Murrayfield, il n'allait pas survivre à un match – très, très – nul face à l'Italie ou après vingt minutes de « jeu à la sud-africaine » autour d'un pack surpuissant, les Bleus avaient horriblement coincé.

Débuts ratés. Greg Alldritt, le nouveau capitaine des Bleus, commence le Tournoi 2024 par une lourde défaite face à l'Irlande à Marseille.

Gaël Fickou, le plus capé en activité, sonne la révolte en Écosse en inscrivant le premier essai des Bleus pour un succès salutaire.

Pour son entrée en lice, l'Italie résiste, mais finit par craquer face aux Anglais d'Alex Mitchell (24-27).

Et en lieu et place des vieux de la vieille, ce sont cinq nouveaux titulaires et trois remplaçants qui allaient ensoleiller la fin de tournoi face à des Gallois à la dérive et à des Anglais requinqués.

Pour ce qui est de savoir comment tout ce beau monde réussirait à coexister dans le futur et à quoi ressemblerait le jeu de l'équipe de France, visiblement toujours orpheline – deux saisons après l'établissement de nouvelles dispositions arbitrales – des ballons de récupérations, carburant du jeu de contre-attaque qui lui avait ouvert les portes du Grand Chelem 2022, c'était une autre affaire.

Bouclée sur une note plutôt encourageante qui devait beaucoup à la légèreté « d'ambianceurs » écossais toujours prompts à se perdre en chemin et de Gallois orphelins de toute une génération glorieuse, l'édition 2024 d'un Tournoi remporté pour la deuxième fois de rang par des Irlandais à court de gaz eux aussi pour finir, mais toujours maîtres de leur plan de jeu, apportait moins de lumières sur le projet tricolore que de raison d'espérer à une emballante équipe d'Italie et à des Anglais brutalement convertis aux vertus de l'attaque.

O'MAHONY
6

Le vert dans le fruit

Balayés par des Irlandais vifs et cliniques, les Bleus, orphelins de Dupont, ont semblé douter d'une stratégie qu'ils n'avaient pas les ressources physiques d'appliquer.

Le capitaine Greg Alldritt, comme ses partenaires, est impuissant face à la défense irlandaise de son vis-à-vis Peter O'Mahony.

Paul Willemse voit rouge. Les Bleus ne sont pas aidés par le carton reçu par le deuxième-ligne dès la 32e minute de jeu sur un plaquage dangereux.

« Pour avancer, on aura besoin qu'on arrête de nous parler de la Coupe du monde », avait suggéré Thomas Ramos comme un pudique aveu de la douleur qu'il avait ressentie lorsque le staff tricolore avait projeté les images de ce quart de finale maudit que les Tricolores, ils le reconnaissaient tous, n'avaient pas su plier en première mi-temps pour se mettre à l'abri des fluctuations arbitrales.
L'arrière toulousain aurait aussi bien pu demander qu'on lâche un peu les Bleus avec l'absence de Dupont qui, en attendant d'aller récolter le bronze puis l'or avec l'équipe de France à sept en tournée américaine, avait battu le Racing et Bayonne à lui seul ou presque en Top 14.

C'est qu'il n'est jamais bien bon de rabâcher ses faiblesses avant même d'affronter le numéro un mondial en exercice. Or si la France évoluait également sans Flament, Jelonch, Taofifenua et Ntamack, le totémique Toto occupait à lui seul l'essentiel des conversations d'avant Tournoi.
La faute à un talent singulier qui mobilise les défenses et tarabuste les stratèges adverses, influe par sa seule aura sur l'inconscient de l'arbitre et pèse par la longueur de son jeu au pied et par des qualités athlétiques défensives qui, associées à l'intransigeance de Ntamack dans l'exercice, allaient cruellement faire défaut à la France tout au long du Tournoi.
La faute aussi au sélectionneur responsable d'une dépendance qui l'avait fait disputer les vingt matches du Tournoi de l'ère Galthié, jouer la totalité du quart de finale au retour d'une fracture de la face et ne laisser à Maxime Lucu que cinq minutes de moyenne de fin de matches pour compléter six titularisations de deuxième ordre !
Alors bien sûr « Captain Dupont » allait manquer à la France, peut-être pas pour gagner ce match à lui seul mais au moins pour limiter les dégâts, mais la France, elle, allait manquer de tout le reste.
En particulier d'une stratégie adaptée à ses moyens du moment, car il s'avéra bien vite que « l'intensité combattue » prônée en un néologisme fumeux par le stratège aux épaisses lunettes pour contrer « l'intensité courue » irlandaise relevait de l'aveu de faiblesse.
Et que s'il rêvait de voir ses hommes d'atteindre les deux cent vingt-six plaquages pour rivaliser avec l'incroyable défense qui avait permis aux All Blacks de

Les Bleus perplexes.
Même si Damian Penaud a encore marqué un essai, l'ailier ne peut empêcher le revers de son équipe.

France 10 **17-38** 17 **Irlande**

Arbitre : Dickson (ANG). À Marseille, Vélodrome. 65 000 spectateurs environ.

France

Réalisations : 2 E, Penaud (40e), Gabrillagues (53e) ; 1 B, Ramos (27e) ; 2 T, Ramos (40e, 53e).
Remplacements. – 53e : Gabrillagues par Tuilagi ; 55e : Atonio par Aldegheri, Mauvaka par J. Marchand ; 64e : Danty par Bielle-Biarrey, M. Lucu par Le Garrec, F. Cros par Pa. Boudehent, Ollivon par Woki.
Temporaire : Baille par Wardi (55e-71e).
Cartons. – **1 jaune :** Willemse (9e), **1 rouge :** Willemse (32e).
Sélectionneur : Galthié.

Irlande (BONUS OFFENSIF)

Réalisations : 5 E, Gibson-Park (16e), Beirne (30e), Nash (46e), Sheehan (62e), R. Kelleher (78e) ; 1 B, Crowley (7e) ; 5 T, Crowley (16e, 30e, 46e, 62e, 78e).
Remplacements. – 63e : P. O'Mahony par Baird ; 64e : Furlong par Bealham, Van der Flier par Conan, Porter par Healy, Sheehan par R. Kelleher ; 67e : McCarthy par Ja. Ryan ; 71e : Gibson-Park par Murray ; 79e : Nash par Frawley.
Temporaire : Porter par Healy (9e-20e).
Carton. – **1 jaune :** P. O'Mahony (53e).
Sélectionneur : A. Farrell (ANG).

contenir la machine à avancer irlandaise sur plus de six minutes et trente-six temps de jeu lors de l'ultime séquence qui renvoyait les Verts à une huitième défaite en quart de finale de Coupe du monde, il serait loin du compte.

D'autant que l'Irlande avait choisi de répondre à la puissance par l'accélération du mouvement et qu'elle disposait tout à la fois des moyens physiques, du caractère et de la confiance en sa stratégie pour oublier le crève-cœur d'un Mondial tout aussi désespérant que celui de la France et tenir son projet quatre-vingts minutes durant.

La défense transpercée par le milieu

Oh, il ne fallut pas si longtemps pour réaliser que les dieux d'Ovalie semblaient considérer qu'un vendredi soir à Marseille, n'était ni le jour, ni l'heure ni l'endroit pour recevoir un match du Tournoi, le premier de l'histoire à se dérouler en dehors de Paris ou de sa banlieue, le Stade de France devant faire tartan neuf pour les JO !

Et pas même attendre la trentième minute, celle de l'expulsion définitive de Paul Willemse pour un deuxième plaquage à la tête, pour comprendre que la France avait attaqué l'affaire du mauvais pied. Et que la supposée magie marseillaise ne pourrait rien contre une nation capable de faire oublier la retraite de Sexton, son monstre à jouer pendant dix ans, sans même qu'il y paraisse et d'appliquer à la lettre quatre-vingts minutes durant un plan de jeu largement orienté vers l'accélération du mouvement après touche et le transpercement de la défense tricolore par le milieu.

Si effectivement la sortie de Paul Willemse fit mal à la France, en particulier pour contrer ces mauls portés derrière lesquels l'Irlande inscrivit deux essais en trottinant, celle-ci avait déjà remporté la bataille de l'entame en menant 10-3 sur les vingt minutes jouées à quinze contre quinze.

À vrai dire, le temps des illusions ne dura pas trois minutes, l'occasion pour Gaël Fickou de gâcher le seul mouvement tricolore à peu près tranchant de la soirée. Puis celui de la punition débuta dès la fin du premier quart d'heure avec l'essai de Jamison Gibson-Park derrière une redoublée d'école et une percée de Bundee Aki. Et, malgré un sursaut de fin de première mi-temps et un essai de Damian Penaud derrière une initiative hardie de Peato Mauvaka tentant de secouer ses camarades, on fut définitivement fixé sur les possibilités défensives des Bleus, lorsque à la trentième minute Tadhg Beirne surgit à l'intérieur de Jack Crowley pour filer vers l'en-but.

Neuf essais encaissés en deux matches à domicile

À l'issue du Tournoi, Fabien Galthié mit enfin des mots clairs sur ce que tout le Stade Vélodrome, brutalement réduit au silence, avait pu constater : ces Bleus-là roulaient dangereusement sur la jante. « Quand on a fait les tests de masses corporelles, nous avons été choqués, reconnut-il. Les joueurs avaient pris de la masse grasse et perdu de la masse maigre, alors qu'ils avaient joué quasiment tout le temps en club. Dans l'équilibre régénération-représparation-jeu, il leur avait manqué

« Physiquement, physiologiquement et mentalement, les joueurs n'étaient pas dans un état optimal pour matcher au plus haut niveau. »

Fabien Galthié

toute une partie nécessaire pour se recentrer sur eux-mêmes. Physiquement, physiologiquement et mentalement, ils n'étaient pas dans un état optimal pour matcher au plus haut niveau. Sur les données de ce match, c'est également flagrant. Le pourcentage de marche était supérieur à 40 %. Nous avions conscience que certains joueurs n'avaient pas purgé la défaite, digéré la douleur, qu'ils n'étaient pas régénérés physiquement, pas préparés. Mais nous avons pensé que l'équipe qui avait joué un match exceptionnel face à l'Afrique du Sud méritait de jouer face à l'Irlande. Je n'étais pas capable de leur dire : on vous enlève le maillot. »

Pire, un fossé mental s'était creusé entre un staff qui avait évacué la déception du quart de finale en se remettant immédiatement à l'ouvrage et des joueurs qui avaient logiquement donné la priorité aux exigences de leurs clubs sans pour autant faire le deuil de leur brutale désillusion sud-africaine !

La suite, toute la suite n'allait plus être qu'une inexorable démonstration irlandaise face à une équipe de France privée de la moitié de ses munitions en touche, secouée sur chaque ruck ou les retards au soutien s'accumulaient et sans cesse sur les talons en défense. Menée de sept points seulement à la mi-temps, la défunte rush-défense chère à Shaun Edwards allait encaisser un nouvel essai d'école sur une jolie fixation de Hugo Keenan pour Calvin Nash et, malgré une ultime ruade de Paul Gabrillagues pour revenir une dernière fois à sept points, s'incliner devant l'inéluctable et deux essais de mieux sur ballons portés de Dan Sheehan et de Ronan Kelleher, soit un inquiétant total de neuf essais en deux défaites de rang à domicile.

Par-delà ce spectaculaire revers, le plus lourd en France depuis celui subi face à l'Angleterre en 1914, les Bleus, rarement inspirés en ouverture du Tournoi il est vrai, avaient donné l'impression de ne plus croire en ce qu'ils faisaient ou de ne plus avoir l'énergie pour le faire. Mais l'ébouriffante Écosse, capable de marquer vingt-six points en une mi-temps au Pays de Galles à Cardiff, les attendait huit jours plus tard à Murrayfield. Bien trop court pour mettre un coup de balai dans le champ de ruines.

Dan Sheehan en force. Le talonneur, auteur d'un des cinq essais irlandais, symbolise toute la hargne de son équipe.

Paul Willemse

Assigné à résilience

Privé de deux Coupes du monde sur blessure, expulsé définitivement après deux plaquages jugés dangereux, le colosse sud-africain n'en finit jamais de se reconstruire.

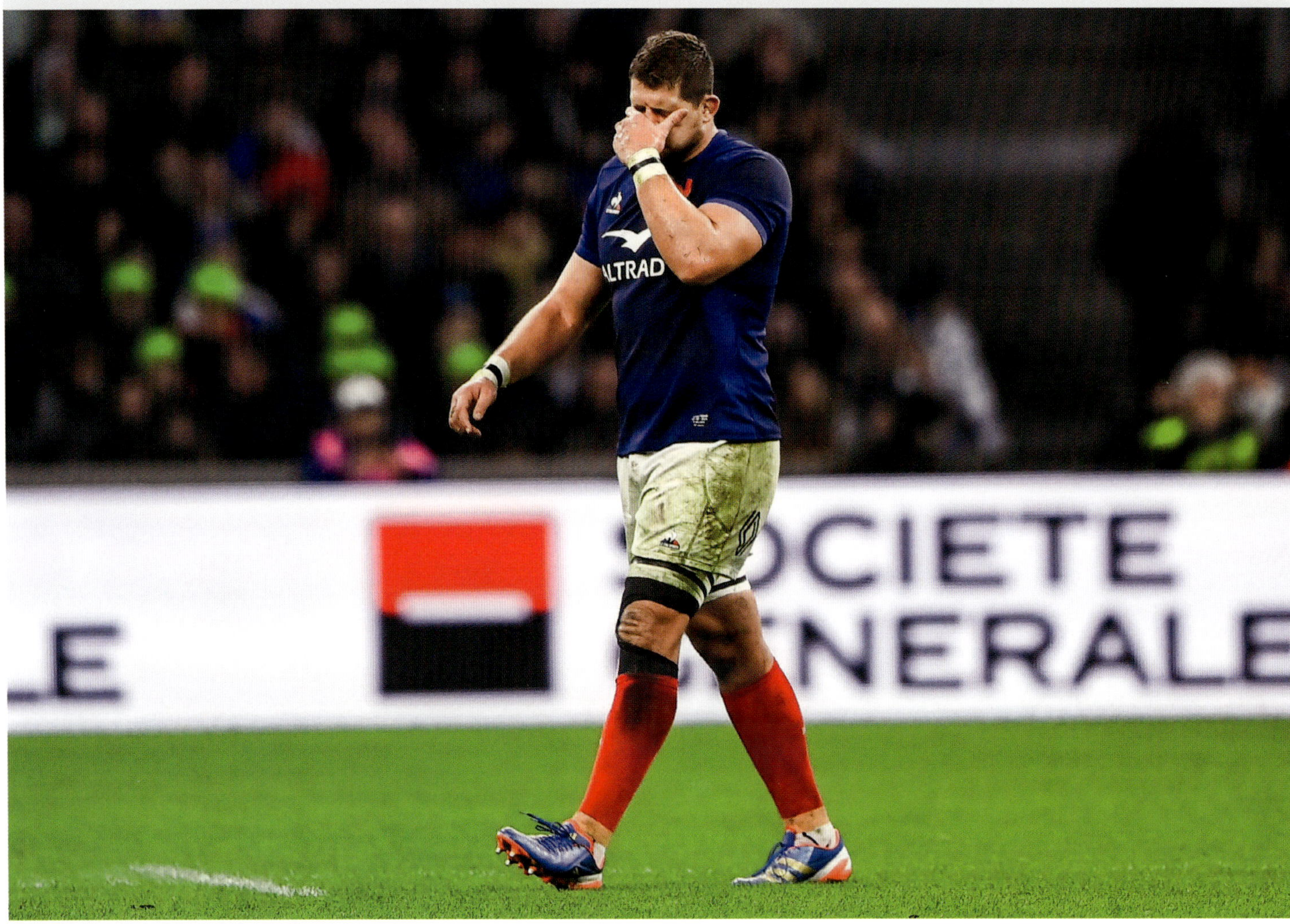

Bien sûr, il y a ces deux cartons jaunes récoltés en vingt minutes pour la même faute et, vu de l'extérieur, l'impression qu'en n'apprenant rien de ses erreurs Paul Willemse a largement plombé l'avenir immédiat de cette équipe de France et définitivement scellé le sien en Bleu. Bien sûr, vu et revu au ralenti à la vidéo, ça semble tellement facile de se baisser un peu plus ou de dévier la tête pour éviter qu'elle ne rencontre celle de l'adversaire lancé à pleine vitesse en sens inverse.
Mais la règle destinée à protéger les joueurs contre eux-mêmes et à sauvegarder leurs cerveaux contient aussi une large part de fatalité balistique en même temps qu'il confère une forme d'innocence arbitraire au joueur qui est au soutien offensif ou à celui qui porte le ballon pour rejeter la toute faute sur le défenseur parfois bien en peine de modifier sa trajectoire à pleine vitesse.
Vu de l'intérieur, c'est nettement moins simple, ainsi que l'expliqua à froid le très mesuré Willemse à Romain Bergogne, notre confrère de *L'Équipe*.
« Je suis arrivé au soutien offensif de Matthieu Jalibert, il y avait un potentiel gratteur en face (le pilier Andrew Porter). Le but, c'est d'enlever cette menace de la zone de ruck. Malheureusement, je n'étais pas dans la meilleure position et tout se passe très mal ensuite. Je lui touche la tête. »
Loin de la fournaise du combat, on imagine qu'une telle sanction invite à la prudence. Pas si simple.

« Ce sont des situations qui vont très vite. Dans le rugby international, il faut toujours être à la limite. »

Paul Willemse

Suspendu trois semaines

« J'ai un choix à faire. Soit, je me dis : Paul, tranquille, fais attention ! Mais qu'est-ce que ça veut dire ? Donc dans ma tête, c'est plutôt : continue comme tu as fait, tu as eu une situation bizarre mais il faut rester le même dans l'engagement. Si je commence à avoir peur, autant laisser tomber le match. Donc je repars sur le terrain avec le même état d'esprit. Et là, malheureusement... Paul Gabrillagues plaque Caelan Doris aux jambes. Doris travaille avec ses jambes et s'est libéré les bras. Donc je dois intervenir et il a ce mouvement de tête, une fois en haut, une fois en bas. Je ne sais pas où va être sa tête au moment du contact, ce sont des situations qui vont très vite. Dans le rugby international, il faut toujours être à la limite. Les équipes trop propres, elles ne gagnent rien. Vous ne pouvez pas être 100 % propre et avoir peur de faire des fautes. Je ne suis pas un mec méchant, qui fait mal gratuitement. J'étais juste en train de faire mon job. Pourquoi ça s'est mal passé ? Parce que le scénario a changé et je n'ai pas réussi à m'adapter. »
Quelques jours plus tard la sanction tombe, quatre semaines de suspension, ramenées à trois, par une commission qui reconnaît que « si les deux actions étaient imprudentes, il n'y avait pas de preuve suggérant que le joueur avait agi de manière malveillante ».

« Je me suis senti très coupable »

Ça fait cher l'imprudence, parce que selon toute vraisemblance, la carrière de Paul Willemse, deuxième joueur tricolore à récolter deux cartons rouges après Mohamed Haouas, s'est terminée là où elle aurait dû enfin connaître un rebond heureux. Forfait pour la deuxième fois en Coupe du monde, après s'être blessé lors de la semaine off avant le début de la compétition, oublié par Fabien Galthié alors même que Romain Taofifenua avait été poussé à renoncer à sa retraite annoncée après le Mondial, également forfait à chaque fois que sa route aurait pu croiser son pays d'origine, l'Afrique du Sud, Paul Willemse, artisan capital et obscur du Grand Chelem 2022, n'avait dû qu'au forfait d'Emmanuel Meafou, dernier modèle à la mode des tracteurs d'origine étrangère, de se voir offrir à trente et un ans, le bel âge pour un deuxième-ligne, une trente-deuxième sélection.
Raté. Pourtant Paul Willemse a bientôt retrouvé la force d'aller de l'avant.
« Je me suis senti très coupable. Et quand j'ai quitté le groupe, j'avais l'impression que je n'étais rien. Mais j'ai fait face à tout le négatif puis après, j'ai été obligé de regarder le positif. Avant d'être un joueur de rugby, je suis un homme, un mari, un père de famille. Je suis rentré chez moi, tout le monde allait bien... Si je ne vois ma vie que par le prisme de ma carrière dans le rugby, je tombe en dépression. »

« Si je ne vois ma vie que par le prisme de ma carrière dans le rugby, je tombe en dépression. »

Paul Willemse

OLLIVON
7
LE COQ SPORTIF
ALTRAD

À trois doigts du désastre

Sauvés par Tuilagi d'un essai synonyme de troisième défaite de rang, les Bleus, toujours brouillons, s'offrent un peu de répit.

Posolo Tuilagi peut exulter. Il vient de sauver la France d'une défaite en empêchant les Écossais d'aplatir.

Après de longues minutes d'hésitation, l'arbitre Nic Berry refuse l'essai à l'Écossais Sam Skinner.

La scène a duré quatre minutes et ce fut sans doute la plus passionnante d'un match caviardé par trop de maladresses des attaquants bleus, trop de fébrilité sur les ballons hauts, trop de retard de leurs avants dans les rucks, trop d'imprécision en touche, trop peu de puissance écossaise aussi pour franchir une défense pourtant perfectible, trop de jeu au pied enfin pour offrir davantage que la seule satisfaction de la victoire.

Quatre minutes d'arrêts de jeu au long desquelles Nic Berry, l'arbitre de la rencontre plus embrouillé qu'autre chose par Brian MacNeice son TMO (arbitre vidéo), a changé deux fois d'avis pour finalement refuser à Sam Skinner l'essai qu'il venait apparemment d'aplatir sur trois doigts de la main droite du jeune Posolo Tuilagi, derrière une relance échevelée de Kyle Rowe au cœur d'une défense tricolore pétrifiée.

« Tout se résume au TMO et aux preuves claires, on dirait que le ballon est probablement à terre », estima Nigel Owens, ancien prince de l'arbitrage. Y a-t-il assez de preuves pour qu'ils puissent dire à cent pour cent que c'est marqué ? Probablement pas. Mais le ballon semble être au sol. En tout cas, content d'être en tribune et pas sur le terrain ! »

À vrai dire, à cet instant, personne ne semblait plus avoir envie d'être sur le terrain. Ni l'arbitre, ni les vaillants Écossais, frustrés par une défaite si discutable que Paddy Power, un site de pari irlandais, s'engagea sur le champ à rembourser ceux qui avaient parié sur une victoire du Chardon, ni les Tricolores soulagés de n'avoir pas plongé plus profond dans le marasme mais visiblement pas très fiers d'eux-mêmes.

« Après coup, on s'est dit qu'à trois doigts près, le sort aurait pu être différent, avouait ainsi Louis Bielle-Biarrey. Qu'on était passés d'une potentielle troisième défaite d'affilée à une victoire compliquée. »

Et à part ça ? L'unique inspiration tactique de rester à huit en mêlée pour défendre sur la ligne et obtenir une pénalité salvatrice juste avant la mi-temps quand Uini Atonio écopa d'un jaune pour un sauvetage sans les bras. Le coup de poker gagnant d'un petit chip au pied pour lui-même de Bielle-Biarrey sur le seul lancement de jeu bien léché des Bleus récompensés par une mêlée derrière laquelle François Cros, replacé en huit après la blessure de Grégory Alldritt, avait parfaitement manœuvré, un autre essai de Gaël Fickou pour conclure une grosse démonstration de force du pack et puis c'était tout côté Tricolores. Et pas beaucoup mieux côté Écossais avec tout de même une jolie fulgurance de Russell pour Paterson et un essai opportuniste de Ben White.

Un petit vol à la tire

Ah, si, on allait oublier la mascarade réglementaire qui permit dix minutes durant à Ramos et Russell d'improviser un tir de barrage inspiré de Un, deux, trois, soleil, que Tonton Nige jugea lui-même « grotesque et peu divertissant » et que Murrayfield, uni dans une même réprobation, siffla copieusement.

En attendant que cette règle absconse, dite « Loi Dupont », lequel, pendant ce temps, s'amusait comme un petit fou au tournoi à Sept de Los Angeles, ne soit abrogée, les joueurs des deux camps s'étaient transformés en statues de sel tandis que les botteurs s'échangeaient des amabilités.

Durant ces dix minutes – de la 58e à la 68e – qui allaient aboutir à la mêlée d'où surgirait enfin le bref éclair de lumière de l'essai de Bielle-Biarrey, l'Écosse et la France avaient échangé trente coups de pied (hors renvoi), soit un toutes les vingt secondes de non-jeu et le tiers de tous ceux tapés durant un match où ça avait pourtant canardé sec (84 coups de pied dont 40 pour la France). Oh, ça n'était pas pour finir le hold-up du siècle, tout juste un petit vol à la tire sans éclat sur une petite vieille franchement démunie avec son sac à main de quatre-vingts contrats professionnels, soit dix fois moins que celui de la France, qui a toutes les peines du monde à s'offrir deux victoires du tournoi de rang.

Et tandis que cette méritante Écosse fut passée d'une victoire qui ressemblait à une défaite avec les vingt-six points concédés en deuxième mi-temps aux Gallois à Cardiff, à une défaite qui était surtout la victoire d'un vidéo-arbitrage, pourtant une nouvelle fois incapable de distinguer clairement le vrai du faux.

Pour ça, Fabien Galthié avait bonne mine de s'être plaint à la mi-temps au micro de France 2 des « décisions qui ne sont pas en notre faveur » et des « pénalités qui se discutent ». Meilleure mine en tout cas que si la France avait concédé sa troisième défaite consécutive pour la première fois depuis 2018.

Soulagement ou hébétude légère, le sélectionneur qui s'imposait pour la troisième fois à Murrayfield

Dans un bon jour, le magicien Finn Russell distille son jeu au pied à merveille. Mais ça n'a pas suffi pour venir à bout des Bleus.

Politique de l'autruche ?
Malgré un mauvais début de Tournoi, le sélectionneur Fabien Galthié fait comme si de rien n'était et encense son équipe.

Écosse 13 16-20 10 France

Arbitre : Berry (AUS). À Édimbourg, Murrayfield (environ 67 000 spectateurs).

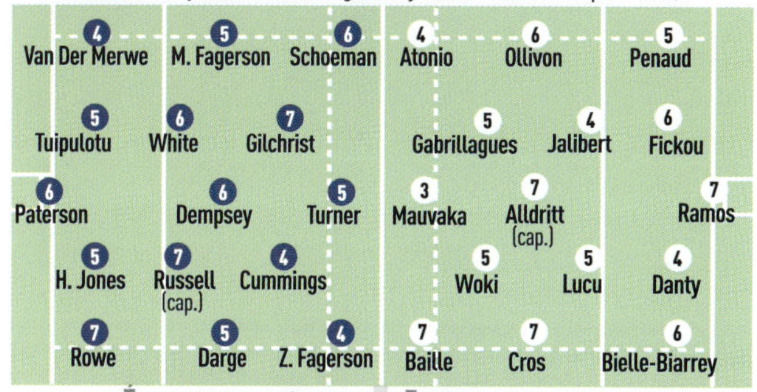

Écosse (BONUS DÉFENSIF)
Réalisations : 1 E, White (7e) ; 3 B, Russell (22e, 30e, 58e) ; 1 T, Russell (7e).
Remplacements. – 41e : M. Fagerson par Christie ; 68e : Turner par Ashman ; 72e : Schoeman par Hepburn ; 75e : Gilchrist par S. Skinner ; 77e : H. Jones par Redpath.
Temporaire : Turner par Ashman (17e-28e).
Cartons : aucun.
Sélectionneur : Townsend.

France
Réalisations : 2 E, Fickou (31e), Bielle-Biarrey (70e) ; 2 B, Ramos (12e, 77e) ; 2 T, Ramos (31e, 70e).
Remplacements. – 49e : Gabrillagues par Tuilagi, Mauvaka par J. Marchand, Woki par Roumat ; 50e : M. Lucu par Le Garrec, Alldritt par Pa. Boudehent ; 58e : Atonio par Aldegheri, Baille par S. Taofifenua ; 63e : Danty par Moefana. **Temporaire :** Bielle-Biarrey par Aldegheri (38e-49e).
Carton. – 1 jaune : Atonio (38e).
Sélectionneur : Galthié.

« Quand les critiques sont là, c'est qu'elles sont justifiées. Si on avait perdu, ça aurait été très compliqué. Mais nous avions la rage. Fabien a montré qu'il ne lâchait pas l'équipe. »

Gaël Fickou

depuis 2020 à des Écossais privés de Richie Gray, Luke Crosbie, Blair Kinghorn, Darcy Graham, WP Nel et à la dernière minute de Kyle Steyn, livra au sortir du match un commentaire qui laissa pantois tous ceux qui s'y entendent un peu : « C'est une des plus belles victoires de notre équipe. Le contenu est formidable, parfait, on n'est pas là pour faire des démonstrations et donner des leçons. Cette semaine nous a ramenés à l'essentiel, à l'essence de ce jeu : le combat, la solidarité… On est très heureux d'être ensemble. Le rugby est un sport de combat où il faut combattre. Oui, la conquête, les ballons en l'air, la touche ont posé problème (rien que ça !), mais on n'a pas toujours gagné en Écosse, hein ! Cette équipe d'Écosse est d'un grand niveau ! On a marqué deux essais et eux combien ? Un ? C'est bien ça ? »

Aveuglement

Rien de tout cela n'était faux, bien sûr, mais tellement surjoué, tellement hors-sol qu'un internaute anonyme put résumer ainsi le sentiment général : « Pour notre sélectionneur, pas de changement de lunettes, passons directement au braille. Et dressons un labrador pour qu'il lui raconte les matches, on gagnera du temps. Un tel aveuglement, c'est soit de l'inconscience, soit une préparation personnelle à rentrer en politique. »
Pour mieux comprendre ce qui s'était vraiment passé durant cette courte semaine, pour mieux juger du soulagement des joueurs qui avaient tout de même eu le grand mérite de ne pas lâcher l'affaire pour céder à un légitime épuisement au cœur de cette saison sans fin, mieux valait se reporter au jugement de l'un d'eux. De Gaël Fickou, retrouvé et toujours d'une extrême lucidité : « Quand les critiques sont là, c'est qu'elles sont justifiées. Si on avait perdu, ça aurait été très compliqué. Mais nous avions la rage. Fabien a montré qu'il ne lâchait pas l'équipe. Toute la semaine, au lieu de nous tirer dessus, il nous a sublimés, encouragés. Il aurait pu mettre un autre joueur avec énormément de talent à ma place. Il ne l'a pas fait. Ça montre sa confiance et c'est important dans un groupe. Peut-être qu'à une époque la moitié de l'équipe aurait été changée après l'Irlande. »
La suite allait montrer que cette solidarité entre sélectionneur et joueurs n'était pas faite pour durer.

Posolo Tuilagi

Le guerrier pacifique

Entré en équipe de France à 19 ans et demi, le surpuissant deuxième-ligne catalan a sauvé la France d'un désastre de dernière minute avec une placidité de vieux briscard.

Ce qui étonne peut-être le plus, c'est la facilité avec laquelle il s'est intégré au rythme de l'équipe de France, pour devenir le plus jeune avant de son histoire, deux ans plus tôt qu'Armand Vaquerin et Walter Spanghero.

Tendai « The beast » Mtawarira, Sébastien Chabal autrefois, Gérard Cholley ou Walter Spanghero il y a plus longtemps encore, ils ne sont pas si nombreux ces costauds parmi les costauds, ces gabarits exceptionnels aux charges si puissantes qu'elles parviennent à soulever les montagnes qui leur font face, capables de faire rugir les foules d'aise sitôt qu'ils touchent un ballon.

À dix-neuf ans et cent quatre-vingt-neuf jours, Posolo Tuilagi était rentré dans la caste des ambianceurs de stade surdimensionné une semaine plus tôt dans un Vélodrome qui n'avait pas tellement d'occasions de se réjouir, mais cette reconnaissance populaire immédiate ne devait ni à son jeune âge, ni à son instable chignon de sumotori de grand champ.

Dans le viseur médiatique depuis sa tonitruante participation au titre de champion du monde des moins de vingt ans l'été précédent, le dernier des Tuilagi ne se contente pas d'un physique hors norme, il sait également s'en servir.

Mais c'est dans un genre bien plus furtif et avec une froideur de vieux briscard qu'il sauva dans les ultimes secondes la France de la brutale descente d'une troisième défaite consécutive en glissant subrepticement trois doigts sous le ballon que Skinner tentait d'aplatir dans l'en-but bleu à l'orée des arrêts de jeu.

Alors bien sûr Posolo Tuilagi a de qui tenir. D'un père, Henry, champion de France avec Perpignan, aîné d'une fratrie dont le plus célèbre des membres, Manu, contribua aux grandes heures du quinze de la Rose, bien sûr.

Mais plus généralement d'une île enchanteresse du Pacifique où tout le monde, hommes, femmes, enfants et grands-parents trimbale un bienveillant sourire sur des carcasses de coffre-fort. Huit cent mille âmes à peine et autant pour la diaspora de Nouvelle-Zélande, d'Australie ou de Californie, idéalement taillé pour le rugby où ils trouvent à exprimer une culture où la foi le partage à un passé guerrier.

Et si l'équipe de France sait ce qu'elle doit à ses enfants venus des antipodes, Mauvaka (Nouvelle-Calédonie), Moefana et Falatea (Futuna), Romain Taofifenua (Wallis), deux autres phénomènes physiques d'origine samoane ont largement contribué à la sauvegarde du XV de France au long de ce pénible Tournoi, Uini Atonio venu de Nouvelle-Zélande et Emmanuelle Meafou, débarqué d'Australie pour apporter au rugby français cette explosivité, cette puissance en mouvement sans laquelle il est devenu extrêmement compliqué de briser les lignes de défenses.

Aussi Samoan que Catalan

Né dans un fale de la bourgade de Fogapoa, sur l'île de Savaï, la deuxième des Samoa, Posolo se sent aussi samoan que catalan, ainsi qu'il l'expliquait joliment dans un reportage de Canal Plus, tout en aidant son père, reconverti dans l'organisation de banquets d'inspiration pacifique, à préparer « l'umu », où l'on cuit le cochon de lait à l'étouffée sous des pierres brûlantes et des feuilles de bananier.

Mais ce qui étonne peut-être le plus, c'est la facilité avec laquelle il s'est intégré au rythme de l'équipe de France, pour devenir le plus jeune avant de son histoire, deux ans plus tôt qu'Armand Vaquerin et Walter Spanghero, et le cinquième toutes catégories confondues derrière Fickou, Parra, Michalak ou Jalibert, retenus à des postes qui réclament moins de maturité physique.

Mais il a toujours été un phénomène de précocité, comme le rappelait Patrick Arlettaz qui fut son coach à Perpignan : « Quand il était passé de Crabos à Espoirs, je lui avais dit : "Attention, ce n'est pas le même niveau !" Mais il a traversé le terrain. Idem quand il est passé des Espoirs au Top 14. Je lui ai dit la même chose. Mais il a encore traversé le terrain. Et là, pas de bol, il me retrouve en équipe de France (il sourit). Je lui ai répété la même chose... »

Et s'il n'a pas traversé le terrain, s'il n'a même pas trouvé totalement sa place, Posolo Tuilagi, renvoyé à ses études avec les moins de vingt ans par l'arrivée du plus mature Meafou, aura du moins frappé les imaginations et sauvé la patrie un soir où tout ne tournait pas rond à Édimbourg !

TAOFIFENUA
17
ALTRAD
ALTRAD

Historiquement nul !

Sauvée in extremis d'une humiliante défaite, l'équipe de France a replongé dans le doute et l'à-peu-près au terme d'une première mi-temps stérile.

Soupe à la grimace. Pour les Italiens qui frôlent l'exploit. Pour les Bleus qui frôlent la catastrophe.

« On ne veut pas jouer mieux pour faire plaisir, avait expliqué le sélectionneur apparemment rasséréné par le court succès de Murrayfield quinze jours plus tôt. On veut jouer mieux parce qu'on est très exigeant envers nous-mêmes et qu'on est l'équipe de France. » Mais quand se furent élevés les derniers accents d'une *Marseillaise* a cappella pompée sur le *Flower of Scotland* de Murrayfield et meilleur moyen d'éviter que la bienveillante foule nordiste n'aille plus vite que la musique, quand se furent dissipées les dernières volutes des fumigènes imprudemment allumés par les organisateurs sous le toit fermé du Stade Pierre-Mauroy, il fallut bien se rendre compte que cette équipe de France qui n'en finissait pas de remâcher son quart de finale perdu, n'avait « pas mieux joué » que la fois précédente, bien au contraire, et qu'elle n'avait pour finir fait plaisir à personne. Pas même aux braves Italiens finalement frustrés d'une victoire, la première sur le sol français dans le Tournoi, qu'ils avaient amplement méritée.

Panne d'énergie et d'envie

Le match ayant démarré comme il s'était terminé deux semaines plus tôt à Murrayfield, par un arbitrage vidéo qui accordait cette fois l'essai à Charles Ollivon derrière une démonstration de force d'un pack surpuissant où il l'avait refusé à l'Écossais Sam Skinner, les plus optimistes avaient pu se dire que les Bleus, décidément placés sous une bonne étoile arbitrale, allaient enfin, comme indiqué en vitrine, se montrer « très exigeants envers eux-mêmes ». Histoire de démontrer qu'ils étaient toujours cette équipe de France qui avait collé soixante points et huit essais sans Dupont à l'Italie en Coupe du monde et qu'elle méritait toujours son capital confiance. Malheureusement, on en resta là. Malgré 70 % de possession, douze entrées dans les vingt-deux mètres adverses, dix-sept minutes à y camper, les Tricolores n'allaient pas être fichus de marquer plus de dix points en une mi-temps de domination totale au dernier de la classe du Tournoi, qui malgré quelques frémissements restait sur sept cuillères de bois consécutives.

La faute, bien sûr, à la bravoure de cette phalange italienne admirable de courage défensif tout du long comme elle l'avait été durant ces années galères mais visiblement mieux équilibrée dans sa volonté d'espérer par le jeu.

La faute surtout à la grosse panne d'énergie et d'envie d'un pack tricolore qui à la suite de ce premier essai d'école abandonna subitement le « jeu en black » qui devait lui permettre d'imposer par le milieu du terrain ses quelque cent kilos d'excédent de puissance sur la mêlée transalpine et la masse des deux joueurs les plus lourds qu'il ait jamais compté en son sein avec Uini Atonio (145 kg) et le jeune Posolo Tuilagi (149 kg), titulaire pour la première fois à même pas vingt ans.

Sans confiance, sans souffle, sans idée, mais pas sans excédents de bagage à l'image de la bouée qui gonflait le maillot de Cyril Baille, la France courait, trottinait plutôt, au désastre.

Bouillie de rugby

Au désolant manque d'efficacité de la première mi-temps allait succéder une bouillie de rugby éclaboussée du carton jaune bientôt « bunkerisé » de Jonathan Danty pour un plaquage haut négligent révélateur de l'état d'épuisement physique et mental des trentenaires tricolores. Cette sortie prématurée, la deuxième en trois matches après le double carton jaune de Willemse face à l'Irlande, acheva de plonger les Bleus dans le marasme. Là ou Fabien Galthié avait espéré les voir « se connecter », ils se déconnectaient à plein tube, là où ils auraient dû avancer en bon ordre ils tardaient tant au soutien dans les rucks, gâchaient tant de munitions en route (22 ballons perdus, 11 pénalités), cafouillaient tant leurs lancements de jeu que personne ne s'étonna vraiment de voir les Italiens poser leur patte sur la deuxième mi-temps. Sans confiance, sans souffle, sans idée, mais pas sans excédents de bagage à l'image de la bouée qui gonflait le maillot de Cyril Baille, la France courait, trottinait plutôt, au désastre.

La partie débute bien avec un essai en force et rapide (7e) du troisième-ligne Charles Ollivon sous les poteaux.

France 10 **13-13** 3 **Italie**

Arbitre : Ridley (ANG). À Villeneuve-d'Ascq, stade Pierre-Mauroy.

France

4 Lebel – 6 Boudehent – 5 Baille
2 Danty – 4 M. Lucu – 5 Woki
5 Ramos – 6 Cros – 4 Mauvaka
4 Fickou – 3 Jalibert – 6 Tuilagi
4 Penaud – 5 Ollivon (cap.) – 5 Atonio

Italie

5 Zilocchi – 6 Lamaro (cap.) – 8 Menoncello
4 Ruzza – 5 Garbisi – 5 Brex
7 Nicotera – 7 Vintcent – 6 Capuozzo
5 Cannone – 6 Page-Relo – 5 Mori
6 Fischetti – 4 Favretto – 6 Ioane

France

Réalisations : 1 E, Ollivon (7e) ; 2 B, Ramos (14e, 45e) ; 1 T, Ramos (7e).
Remplacements : 37e : Jalibert par Moefana ; 48e : Tuilagi par R. Taofifenua, Baille par S. Taofifenua ; 49e : Atonio par Aldegheri, Mauvaka par J. Marchand, M. Lucu par Le Garrec, Woki par Roumat ; 66e : Ollivon par E. Abadie.
Carton - 1 rouge : Danty (40e).
Sélectionneur : Galthié.

Italie

Réalisations : 1 E, Capuozzo (70e) ; 2 B, Page-Relo (40e+4), P. Garbisi (61e) ; 1 T, P. Garbisi (70e).
Remplacements : 49e : Favretto par Zuliani ; 54e : Page-Relo par Varney ; 57e : Nicotera par Lucchesi, Fischetti par Spagnolo ; 64e : Zilocchi par Ferrari ; 66e : Mori par Marin, Ruzza par Zambonin.
Carton : aucun.
Sélectionneur : Quesada (ARG).

Les seuls qu'un tel marasme n'étonnait pas vraiment étaient les membres du staff tricolore. « Il faut peu de choses pour que le rendu qui ne nous satisfait pas se transforme en quelque chose de plus joyeux », tenta Fabien Galthié au sortir de ce fiasco collectif. Pieux mensonge ainsi qu'il le reconnut après le Tournoi dans *L'Équipe* : « Quand on revient après la victoire à Murrayfield, tout le monde pense avoir fait le plus dur, moi le premier.

Posolo Tuilagi et Uini Atonio n'en reviennent pas. Les Bleus concèdent le match nul face à l'Italie à Lille.

Mais un petit indice m'alerte : les données des entraînements que les joueurs devaient faire à la maison ne sont pas assez hautes. Ils n'ont pas réussi à toucher ce qu'ils devaient atteindre en termes de vitesse, d'accélération, etc. Cela veut dire qu'ils ne sont pas physiquement comme on les attendait. »

Et malgré la rentrée très prématurée d'un banc aussi inefficace qu'indiscipliné, l'Italie, elle, reste telle qu'on pouvait l'attendre : accrocheuse et enthousiaste. La fin de match est pour elle et dans la foulée de l'action la plus aboutie du match qui amène à l'essai d'Ange Capuozzo au terme d'une remontée de terrain patiemment menée égayée d'un joli passage de bras de Paolo Garbisi pour revenir à égalité, elle obtient à la 81e minute de ce bien trop long brouillon une pénalité sur un grattage plein d'autorité de Zuliani.

La tentative de but de Paolo Garbisi en bonne position est autrement imparable que la mégalomaniaque tentative de drop d'arrêts de jeu de Sergio Parisse qui, en 2016, aurait déjà pu donner la victoire à l'Italie au Stade de France. Si le sort cruel en décida autrement, ce résultat historiquement nul aura au moins le mérite de pousser le sélectionneur qui invite ses troupes « à faire le dos rond et à relever la tête », au risque de choper un torticolis en prime du mal de crâne consécutif à ce fiasco total, à sortir enfin de l'entre-soi mortifère qui menace les Bleus pour ouvrir les portes à un juvénile vent de fraîcheur.

Dur, dur pour l'Italie. Toute la détresse de Garbisi, qui vient de rater la pénalité de la gagne.

Paolo Garbisi

Le tee empoisonné

À cause d'un ballon tombé de son support, l'ouvreur italien n'a pu donner aux siens une victoire méritée.

« Je m'excuse. Il faut que je sois à la hauteur, ça fait partie de mon job mais je ne l'ai pas assez bien fait à ce moment-là. »

Paolo Garbisi

Lorsque à la 81e minute d'un match largement dominé pour finir par l'héroïque défense italienne, Paolo Garbisi s'est avancé pour tenter des trente mètres à gauche la pénalité grattée au sol par Zuliani, qui assurerait les Transalpins de leur première victoire sur le sol français dans le Tournoi, on a pu se dire que la Nazionale ne l'avait pas volé, ou que les Tricolores l'avaient bien cherché, mais pas qu'il pouvait la rater.
Et puis le ballon est mollement tombé de son tee alors qu'il restait quinze secondes à l'ouvreur italien pour s'exécuter et plus que trois quand il l'a expédié sur le poteau après l'avoir replacé sur son promontoire à la hâte.
Si ce dénouement tragique évoquait plutôt un pareil raté de François Gelez face aux All Blacks en 2002 (20-20) que la tentative de drop désespérée et légèrement mégalomaniaque de Sergio Parisse qui aurait donné la victoire à l'Italie en 2016, ce 37e match nul de l'histoire de l'équipe de France était avant tout un crève-cœur doublé d'une injustice tant l'ouvreur italien avait manœuvré avec justesse tout au long du match. « Je m'excuse. Il faut que je sois à la hauteur, ça fait partie de mon job mais je ne l'ai pas assez bien fait à ce moment-là », lâcha-t-il au sortir du terrain, un sourire désolé accroché à son visage de tragicomédie italienne des années soixante-dix.

« Savoir rebondir »

« C'est une trace noire qui restera toujours dans ma tête, confia-t-il plus tard au *Midi Libre*. Je peux vous dire que la semaine qui a suivi le match, c'était très compliqué. Paradoxalement, j'arrivais très facilement à m'endormir. Mais pendant quatre ou cinq jours, je me réveillais en pleine nuit, j'y pensais, et je ne pouvais plus me rendormir. Mais il faut savoir rebondir, vivre avec. » D'autant moins évident que le jeune Vénitien venait d'être muté brutalement de Montpellier à Toulon, froidement « échangé » avec Tolofua, le talonneur Jiff qui manquait au club héraultais. Si ce genre de tractation de champ de foire fait désormais partie des mœurs du rugby, il ne correspond pas à celles du rugby italien, encore quasi-amateur dans l'âme et soucieux d'échapper aux valeurs ordinaires du football omnipotent. « La première fois que Pierre Mignoni m'a appelé, je lui ai tout de suite dit que je ne voulais pas partir au milieu de la saison. Montpellier était dernier du classement à ce moment-là. J'ai vite compris que je n'avais pas trop le choix. En fait, c'est le côté sentimental qui posait problème. Oui, le rugby est important. Mais c'est surtout le lien que tu crées avec le club, la ville. Montpellier était ma première expérience à l'étranger, la première fois que je partais de chez mes parents. Même en tant qu'homme, c'était une étape très importante. »

Frustration italienne

Ce malheureux raté était tout aussi injuste pour l'équipe désormais coachée par Gonzalo Quesada qui allait terminer à une discrète quatrième place en dépit de ses deux victoires (pour la première fois depuis 2013) et de ce nul injuste. Encourageant pour le rugby italien bien sûr après l'énorme claque récoltée face à la France (7-60) dans un vrai faux huitième de Coupe du monde et d'autant plus que les moins de vingt ans s'étaient imposés la veille face à la France en s'appuyant sur un pack prometteur. Mais frustrant aussi au vu des progrès effectués en matière de discipline, de défense, de gestion du jeu et de solidité mentale.
Quant à Paolo Garbisi qui disputait là son quatrième Tournoi, il lui reste encore du chemin pour faire oublier Diego Dominguez, le buteur fétiche de l'Italie des années 2000. Ah et puis aussi pour oublier la malédiction du tee qui l'a poursuivi en suivant contre l'Écosse, où il a commencé le match exactement comme il l'avait fini face à la France, en faisant tomber le ballon du tee. Sans conséquence cette fois puisqu'il passa dans la foulée le but et que l'Italie l'emporta… de deux petits points.

« La semaine qui a suivi le match, c'était très compliqué. »

Paolo Garbisi

Le changement, c'est maintenant

Contrariée une heure durant, l'équipe de France, largement chamboulée, finit par s'offrir un festin.

Pour sa première sélection en équipe de France, le deuxième-ligne Emmanuel Meafou, d'origine australienne, fait admirer toute sa puissance.

L'équipe de France et son staff avaient bénéficié d'une semaine de réflexion après le nul italien de Lille qui sentait si fort la défaite et elle était bienvenue tant les ex-futurs favoris de la Coupe du monde 2023 traînaient la patte depuis le début d'un Tournoi passablement désenchanté.

Fabien Galthié étant fondamentalement du genre cachottier et sibyllin, on ne saura jamais exactement ce qui l'aura fait basculer durant ces quelques jours, de la théorie d'inspiration « vieux pots, meilleure soupe » qui l'avait poussé à promettre en préambule du Tournoi un avenir Trans mondial à 80 % du groupe battu par les trentenaires sud-africains, à un grand jeu de « chamboule-tout » qui laissait les deux tiers des égarés du Nord sur la touche.

Influence des nouveaux venus du staff tricolore, Laurent Sempéré et Patrick Arlettaz, favorables, disait-on, à un souffle nouveau ? Adaptation de circonstance à la blessure de Matthieu Jalibert, au carton rouge de Jonathan Danty et à des évaluations physiques qui indiquaient clairement qu'avec trente à trente-cinq matches au compteur dans les douze derniers mois une bonne dizaine de titulaires habituels avaient besoin de se faire mordiller les mollets par de jeunes loups aux dents longues ? Faiblesse supposée de l'opposition galloise orpheline de sa génération aux trois Grands Chelems et déjà trois fois battue dans ce Tournoi ?

Un peu de tout cela sans doute. Mais si tout le monde parlait en France de ce grand coup de jeune avec la titularisation de Le Garrec à la mêlée, de Depoortere au centre, de Barré à l'arrière ou de Meafou en deuxième ligne, l'équipe galloise, désormais privée des « centenaires » Alun Wyn Jones, Taulupe Faletau, Dan Biggar, Leigh Halfpenny ou Jonathan Davies (sans parler de ce lâcheur de Rees-Zammit parti tenter sa chance en NFL), avait carrément des allures de sortie de jardin d'enfants à l'image de son inconséquent numéro dix, le poupin Costelow.

Pour accompagner ses neuf changements dont le replacement de Ramos de l'arrière à l'ouverture et le retour d'Alldritt et de Flament pour aller de l'avant, le staff bleu avait choisi de brouiller les cartes en mélangeant « probables » et « possibles » lors du traditionnel entraînement en opposition du milieu de semaine. « Nous n'étions pas satisfaits de nos résultats et il y avait plusieurs pistes : travailler sur notre contenu et retrouver de la fraîcheur, physique mais aussi psychologique. On a cherché l'émulation en travaillant avec deux équipes mixtes », confirma ensuite Galthié.

Une défense donut

Pour ce qui est du contenu, le résultat fut sans doute moins spectaculaire que cet apport de sang nouveau, la première charge d'Emmanuel Meafou, impressionnant de puissance en mouvement, ou la pétrifiante chistera de trente mètres de Nolann Le Garrec, à l'aise comme un Breton en crêperie pour sa première sélection, mais il apparut peu à peu que la France était en train de changer son fusil d'épaule ou pour parler rugby moderne de dépossession à la possession et de beaucoup de jeu au pied à beaucoup de temps de jeu.

Une évolution à l'encontre de tout ce qui avait permis à Fabien Galthié de construire son premier mandat où

« Si on provoquait plusieurs rucks positifs, avec maximum deux joueurs au soutien et des sorties dynamiques, on pouvait construire notre jeu. »

Fabien Galthié

Bientôt trentenaire, Gaël Fickou prouve qu'il en a encore sous le pied. Le centre marque le premier essai tricolore face aux Gallois.

les Bleus avaient remporté tous leurs matches à cent vingt passes ou moins. Il y en eut cent soixante-douze ce jour-là dans la marmite de Cardiff, et l'exercice fut d'autant plus cruel pour les hôtes de l'équipe de France que l'obstination galloise à se taper sans résultat la tête contre le mur des défenses, a trop souvent sonné comme un constat d'impuissance ou plus précisément comme un aveu de manque de puissance de pénétration.

La donne est largement différente quand on dispose d'un Atonio, d'un Alldritt ou d'un Meafou dans sa manche et d'une paire de Taofifenua et d'un Colombe dans la poche de son gilet pour assurer la dernière levée. « Face à cette équipe, si on provoquait plusieurs rucks positifs, avec maximum deux joueurs au soutien et des sorties dynamiques, on pouvait construire notre jeu », expliqua Fabien Galthié après qu'une première séquence à vingt rucks eut abouti au premier but inscrit par Ramos, et la deuxième, au premier essai de Fickou.

Mais tout ne fut pas facile pour autant. Un peu parce que ces jeunes Gallois n'avaient pas attendu la venue de gros-porteurs tricolores pour montrer qu'ils avaient du cœur, à défaut d'être équipés pour le lourd. Beaucoup parce que la défense tricolore ressembla une nouvelle fois à un donut, dense sur les bords avec un gros trou au milieu.

C'est par ici qu'était passé Tomos Williams pour ouvrir la porte à un premier essai de Dyer, derrière un relais en dos crawlé de Beard. C'est par là que passa encore Watkin pour offrir l'essai à Tomos Williams après avoir laissé son bristol à Ramos et Depoortere et c'est pour changer sur une chandelle enfumée par Thomas Ramos emmanchée d'une douzaine de temps de jeu que Joe Roberts, le jeune successeur du grand George North, trouva une dernière fois la faille. Si bien qu'en dépit de l'essai initial d'un Fickou retrouvé et celui de filou de Nolann Le Garrec, son premier à sa première titularisation comme un hommage au grand Jérôme Gallion, la France n'avait toujours pas fait la différence lorsque Ramos lui redonna un petit point d'air à la soixantième.

Galles 17 **24-45** 20 **France**

Arbitre : Pearce (ANG). Principality Stadium. **71 242 spectateurs.**

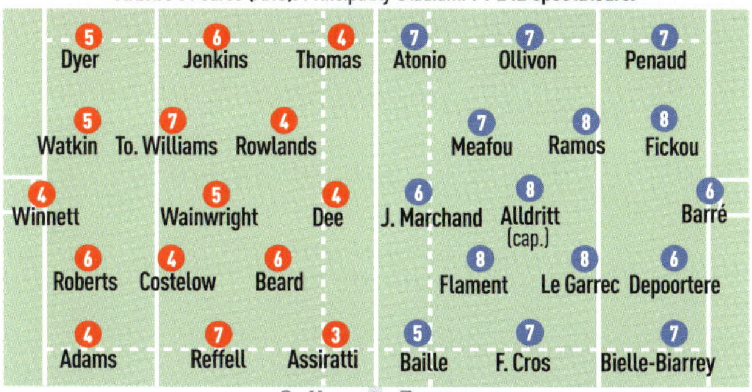

Galles

Réalisations : 3 E, Dyer (9e), To. Williams (25e), Roberts (43e) ; 1 B, Costelow (2e) ; 3 T, Costelow (9e, 25e, 43e).
Remplacements.– 45e : Assiratti par D. Lewis ; 57e : To. Williams par G. Davies, Costelow par Lloyd, Reffell par Mann ; 61e : Roberts par Grady ; 71e : G. Thomas par Domachowski, Dee par Lloyd ; 73e : Rowlands par Martin.
Cartons : Aucun.
Sélectionneur : Gatland (NZL).

France (BONUS OFFENSIF)

Réalisations : 5 E, Fickou (22e), Le Garrec (29e), Colombe (65e), R. Taofifenua (69e), M. Lucu (80e+1) ; 4 B, Ramos (7e, 15e, 61e, 74e) ; 4 T, Ramos (22e, 29e, 65e, 69e).
Remplacements.– 52e : Atonio par Colombe, J. Marchand par Mauvaka, Meafou par R. Taofifenua, Baille par S. Taofifenua ; 63e : Ollivon par Roumat ; 70e : Le Garrec par M. Lucu, F. Cros par Pa. Boudehent ; 73e : Depoortere par Moefana.
Cartons : Aucun.
Sélectionneur : Galthié.

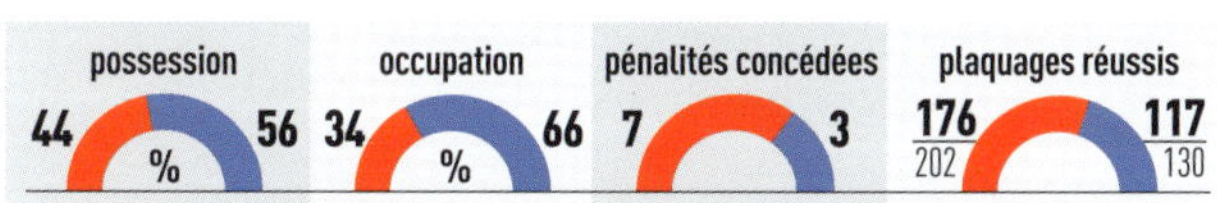

Bol d'air

Mais comme espéré par Fabien Galthié, et comme presque toujours aux abords de la 50e, les remplaçants finirent en force ce que les titulaires avaient commencé. Georges-Henri Colombe y alla de son premier essai de chamboule-tout pour sa première apparition en bleu avant que Romain Taofifenua ne contre une sortie de camp de Davies pour s'offrir un essai de chasseur de primes et que Lucu ne s'offre le sien sur la sirène pour juste prix de tout ce qu'il avait enduré depuis le début du Tournoi.

La France, toujours loin de se montrer à la hauteur de sa récente réputation, s'offrait son plus large succès en terre galloise – en 1998, durant la construction du Millenium, les Bleus l'avaient emporté 51-0 à Wembley – en dépit de scories hautes comme un crassier. Elle s'offrait surtout un bon bol d'air avant un dernier test d'un tout autre niveau face à l'Angleterre retrouvée.

Mais comme le faisait justement remarquer Greg Alldritt : « C'est facile d'être champion quand tout va bien, quand on est sur des séries de dix victoires, mais c'est dans cette adversité, dans les moments difficiles, qu'on voit le caractère des joueurs, les vraies forces de chacun, et je suis persuadé que tout le monde va donner son maximum pour remonter le niveau. »

Malgré une entrée tardive et un déclassement dans la hiérarchie, Maxime Lucu s'offre un essai en fin de partie.

Du neuf en neuf

En une chistera à couper le souffle et un essai plein d'autorité, le joueur du Racing a réussi l'exploit de faire parler de quelqu'un d'autre que de Dupont à la mêlée !

Dans un pays où une statue grandeur nature de Gareth Edwards armant sa passe orne l'entrée d'une galerie commerciale de la capitale, le geste ne pouvait que soulever un frisson d'admiration. C'est que des *reverse pass*, l'appellation d'origine contrôlée de ce que les connaisseurs français nomment chistera, le héros absolu des années de gloire galloise au virage des années soixante-dix, en a distribué de mémorables.

Ce lancer du disque à l'envers, c'est comme le retourné acrobatique au foot ou le tir du milieu de terrain au buzzer en basket, un geste qui marque les esprits.

Et avec des ballons de cuir gorgés d'eau autrement difficiles à mettre sur orbite que celui expédié à près de trente-cinq mètres, derrière une récupération aérienne de Penaud aux quarante mètres gallois, par le jeune Nolann Le Garrec à destination de personne en particulier et vivement ramassé par Thomas Ramos pour décaler Louis Bielle-Biarrey, repris à quelques mètres de la ligne galloise.

Lancer du disque à l'envers

La chistera longue portée, à la différence de la passe croisée courte destinée à ramener le jeu vers l'intérieur du terrain qui est une œuvre concertée à quatre mains, c'est généralement, pour reprendre la jolie formule de Jean-Baptiste Élissalde, « un geste de survie ». Souvent tenté par le petit qui ne veut pas se faire croquer avec le ballon, « ce lancer du disque à l'envers, c'est comme le retourné acrobatique au foot ou le tir du milieu de terrain au buzzer au basket, un geste qui marque les esprits ». Et un risque plus ou moins calculé.

Nolann Le Garrec, au sortir du match, ne fanfaronna d'ailleurs pas spécialement. « C'est de l'instinct, depuis tout petit, nos éducateurs ne nous brident pas trop, ils nous disent de jouer au rugby, c'est ce que j'essaie de faire. C'est un geste qui part un peu tout seul », justifia-t-il simplement au micro de France 2, alors même que ce trait de génie qui venait de lui assurer la fanfreluche offerte à « l'homme du match » pour sa première titularisation est de ceux qui ne s'improvisent pas et que celui qui se définit lui-même comme « un geek du rugby » a dû travailler longuement.

Tout de même réussir à faire parler d'un autre neuf, que du neuf de tous les neufs au pays de Dupont Imperator, l'exploit n'était pas mince et ne reposait pas sur ce seul instantané inspiré.

Un obsessionnel du rugby

C'est que Nolann Le Garrec n'est pas seulement un passeur de plats de compète, même si sa passe est sans doute plus vive que celle de Dupont. C'est aussi un remarquable organisateur en dépit de son jeune âge, doublé d'un redoutable chasseur d'essais. Auteur de dix essais en quinze matches toutes compétitions confondues avec le Racing, il allait en inscrire un plein de décision derrière un ruck, pour sa première titularisation. Et s'il ne rejoindra pas sur les tablettes Jérôme Gallion, le numéro neuf toulonnais auteur de trois essais pour ses trois premiers matches dans le Tournoi, sa lucidité, sa froideur dans l'analyse, l'ont immédiatement placé à contre-emploi des qualités physiques hors normes d'Antoine Dupont.

« Je veux monter en puissance et franchir les échelons le plus vite possible, mais je sais qu'on doit tous passer par des étapes. Également, je suis parfois obsessionnel. Je vis rugby, je lis rugby, je visionne rugby et je regarde tous les matches que je peux. Voir les évolutions du jeu, ou les gestes des joueurs, cela m'aide à progresser », expliquait-il en 2021.

Resté depuis dans l'ombre de Dupont et même de Lucu ou Couilloud, il n'a connu depuis que deux titularisations et deux bouts de matches contre l'Irlande et l'Écosse. Pas de quoi satisfaire cet ambitieux raisonné qui aura su attirer la lumière avant de se retrouver confronté à l'imposante statue du commandeur de Castelnau-Magnoac.

« C'est de l'instinct, depuis tout petit, nos éducateurs ne nous brident pas trop, ils nous disent de jouer au rugby, c'est ce que j'essaie de faire. C'est un geste qui part un peu tout seul. »

Nolann Le Garrec

À couper le souffle

Au terme d'un final irrespirable, l'équipe de France a su forcer son destin pour arracher une deuxième place qui ne disait pas tout de ses fragilités.

Barré récidive.
Déjà très en vue au pays de Galles pour sa première sélection, l'arrière inscrit cette fois son premier essai en bleu face aux Anglais.

Et quand, après 79 minutes et 40 secondes d'un suspense baroque, la pénalité tentée par Thomas Ramos des cinquante mètres en face, passa entre les perches, il n'y aurait plus dû y avoir un seul des cinquante-deux mille spectateurs du stade de Décines retournés de bonheur, pas un seul des plus de six millions de téléspectateurs réunis devant leur télévision pour fantasmer encore un jour sur le « complot » de l'arbitrage anglo-saxon dans le rugby.

C'est qu'à ce niveau de compétition les arbitres évitent au maximum de peser sur les dernières minutes d'une rencontre et que la faute sifflée par M. Gardner était de celles sur lesquelles il leur est possible de fermer les yeux sans basculer dans l'injustice criarde.

« Plaquage sans les bras », lui avait glissé son assistant dans l'oreillette, alors qu'il semblait d'abord avoir considéré que les cent quarante-cinq kilos de Romain Taofifenua lancés à plein régime avaient annihilé les velléités de Ben Earl d'opposer son bras droit à la charge.

Cause fugitive, conséquence définitive, le pied de Thomas Ramos ne tremblait pas, la France échappait à une humiliante quatrième place dans le Tournoi des VI Nations pour la première fois depuis 2019, la FFR récoltait les huit cent mille euros de bonus offerts à cette nouvelle deuxième place et Fabien Galthié pouvait desserrer un peu plus un nœud cravate avec lequel nombre de ses contempteurs rêvaient déjà de le pendre et lâcher la bonde à une communication nettement moins amphigourique et tiédasse qu'à l'ordinaire : « On a vécu un Tournoi d'enfer, au sens propre comme au figuré. C'était brûlant, sans répit. On était parfois sur la brèche, la cime, la tranche… Il fallait être solide et les gars ont été solides. » Les témoins de cette déglinguerie de Crunch, l'avaient été aussi. Solides et sur la tranche.

Taper fort

C'est qu'avant cette troisième victoire de rang sur le cher vieil ennemi anglais pour la première fois en presque vingt ans (2004-2007), qui suffisait à faire pardonner tout ce qui avait précédé, le match avait changé six fois de leader et offert aux supporters des deux camps autant de raisons de s'enflammer que de se désespérer.

Le rugby des temps amateurs et sporadiques a passé des décennies à rabâcher « qu'il faut être deux pour attaquer », mais si le carcan des règles modernes et l'excellence des conditions physiques le poussent au mouvement perpétuel, il peut arriver qu'être deux à mal défendre soit encore la meilleure garantie de spectacle.

« Les Anglais ont adopté la rush defense de l'Afrique du Sud, ça va taper fort de manière récurrente au milieu », avait prévenu Galthié. Sans doute aurait-il pu d'abord s'inquiéter de la défense de son équipe qui allait pour finir encaisser quatorze essais dans le Tournoi soit un de plus que l'Irlande en deux éditions victorieuses, dont quatre face à une attaque anglaise qui passa exactement là où le coach français le redoutait.

Mais pour ce qui est de taper fort, ça allait taper fort. Surtout pour un match où la victoire finale n'était plus en jeu depuis le court succès de l'Irlande sur l'Écosse

Même sans marquer, Damian Penaud reste précieux pour l'équipe de France. L'ailier est un danger dès qu'il touche le ballon.

Si le carcan des règles modernes et l'excellence des conditions physiques poussent le rugby au mouvement perpétuel, il peut arriver qu'être deux à mal défendre soit encore la meilleure garantie de spectacle.

à Dublin une heure plus tôt. Et, entre désir de vengeance de la déculottée subie l'année précédente à Twickenham et volonté de finir du bon pied, Anglais et Français avaient toutes les raisons de ne pas s'enlever de devant.

À défaut d'avoir retrouvé la haute efficacité défensive qui les avait rendus si brutalement efficaces en contre-attaque lors des deux premières années du premier mandat de Fabien Galthié, les Bleus allaient donc démontrer qu'ils savaient toujours provoquer leur bonne fortune et pour la troisième fois dans ce tournoi étouffant s'imposer sur le fil.

Mais avant cela, il faut bien admettre que l'attaque tricolore n'avait pas su peser sur ses propres conquêtes et s'était trop facilement trouée par le milieu pour ne pas se retrouver acculée à l'exploit.

France 16 33-31 10 Angleterre

Arbitre : Gardner (AUS). Groupama Stadium.

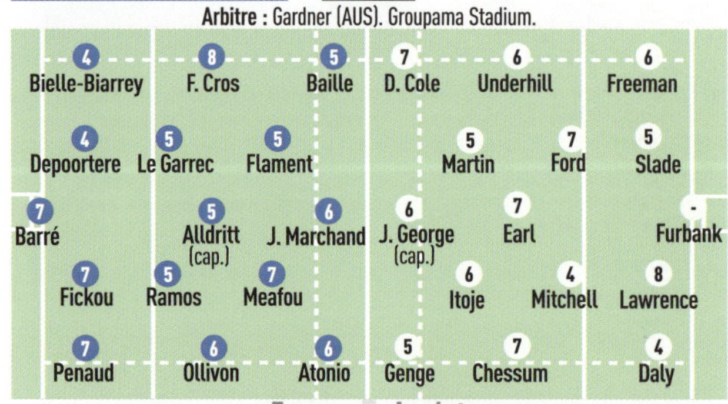

France

Réalisations : 3 E, Le Garrec (20e), Barré (56e), Fickou (60e) ; 4 B, Ramos (18e, 32e, 36e, 79e) ; 3 T, Ramos (20e, 56e, 60e).

Remplacements.– 48e : J. Marchand par Mauvaka, Meafou par R. Taofifenua, Baille par S. Taofifenua ; 59e : Depoortere par Moefana ; 62e : Atonio par Colombe, Ollivon par Roumat ; 66e : Le Garrec par M. Lucu ; 70e : Alldritt par Pa. Boudehent.

Cartons : aucun.

Sélectionneur : Galthié.

Angleterre (bo - bd)

Réalisations : 4 E, Lawrence (40e+1, 42e), M. Smith (46e), Freeman (75e) ; 1 B, G. Ford (12e) ; 4 T, G. Ford (40e+1, 42e, 46e, 75e).

Remplacements.– 8e : Furbank par M. Smith ; 50e : J. George par Dan, Genge par Marler, Cole par Wi. Stuart ; 54e : Chessum par Roots ; 62e : Slade par M. Tuilagi ; 67e : Underhill par Dombrandt ; 70e : A. Mitchell par Care.

Cartons : aucun.

Sélectionneur : Borthwick.

Évolution du score : 0-3, 3-3, 10-3, 13-3, 16-3, 16-10 (mi-temps) ; 16-17, 16-24, 23-24, 30-24, 30-31, 33-31.

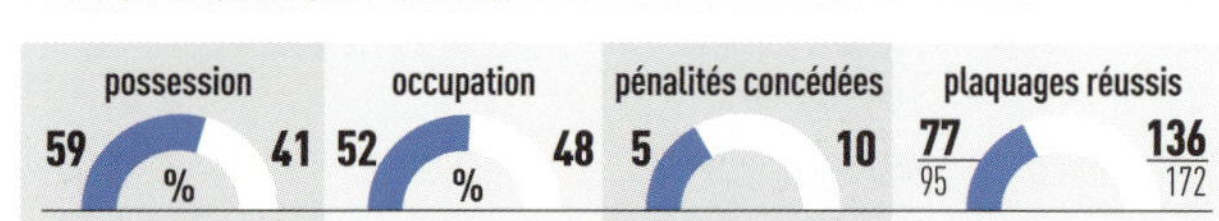

Penaud lancé comme Rantanplan derrière un os en bois

La curiosité chronologique de match foutraque, ce qui le rendit si attachant et si crispant à la fois, c'est qu'entre improductivité française et farouche volonté d'aller de l'avant d'Anglais incroyablement offensifs par rapport à leur morne trajet jusqu'en demi-finale de Coupe du monde, le score bondit et rebondit plus fort encore que les cœurs dans les cages thoraciques des supporters des deux camps. Ceux des Bleus retiendront bien sûr les vingt et un points à zéro encaissés en six minutes à la suite d'un doublé de part et d'autre de la mi-temps trop facilement arraché par Ollie Lawrence à une défense bleue sur les talons au milieu du terrain derrière touche et à un autre de Marcus Smith consécutif à une percée par le même chemin de l'intenable Ben Earl.

Mais la France avait auparavant aligné seize points de rang à la faveur de trois pénalités de Ramos et d'un essai de Nolann Le Garrec.

C'est que si les Bleus ne pouvaient vraiment compter ni sur leurs lancements de jeu ni sur les ballons de récupérations pour contre attaquer, il leur restait la touche. La touche anglaise qui allait offrir deux ballons d'oxygène bienvenus à la France et à ses supporters l'occasion de croire encore et toujours à l'existence du French flair. Le premier, volé par Cros, énorme de bout en bout, et promptement expédié à Fickou pour une perfection de fixation pour le jeune Barré qui trouvait Le Garrec à son intérieur allait clore ce cinglant 16-0. Le second, après un essai classique de Léo Barré au soutien d'Ollivon derrière un maul sur touche, allait davantage tenir d'un scénario emprunté aux Guignols lyonnais que de la haute stratégie. Lancer anglais façon steak & kidney pie en fond de touche, reprise de volée à la desperado de Ramos pour un coup de pied à la lune qui tombe dans les bras de Penaud, lancé comme Rantanplan derrière un os en bois, essai de Fickou et 14-0 de la France pour repasser devant à l'heure de jeu. Mais il était dit que cette équipe de France allait devoir tanguer encore un peu. Et, derrière une tentative de pénalité ratée par Ramos pour plier l'affaire dès la 72e minute, Bielle-Biarrey allait s'oublier en défense sur une ultime ruade anglaise pour ouvrir la porte de l'essai à Freeman. Un petit point d'avance pour l'Angleterre qui faisait tellement penser à celui qui avait manqué aux Tricolores pour espérer survivre au quart de finale maudit que l'on sait, et quatre minutes vingt-deux secondes à jouer. Et au terme de cette réjouissante ode à la folie, quatre interminables minutes pour ne rien céder et provoquer la chance d'une ultime pénalité.

La rage de Fickou.
Nouvel essai, le troisième dans ce Tournoi, pour le centre qui fête sa 90e sélection.

Thomas Ramos

L'éloge du vide

L'ouvreur tricolore a une nouvelle fois fait preuve d'un impressionnant pouvoir d'abstraction face aux perches.

On a souvent pu se demander ce qu'il peut bien passer dans la tête d'un buteur au moment de se présenter face au but.
Eh bien, idéalement, rien. Pas de pensée technique superflue, pas de considérations parasites sur l'influence du coup de pied sur le destin de l'équipe tout entière, juste le ballon, les poteaux, rien d'autre.
On ne soupçonnerait pas forcément le bouillant Thomas Ramos, celui qui harangue ses partenaires et récolte même parfois quelques cartons à tempérament, d'être de la catégorie des impavides.

« Je fais totalement le vide, et je tire. J'étais juste content du résultat, soulagé de gagner. »

Thomas Ramos

Et pourtant quand il analyse ses sentiments à l'instant de tenter des cinquante mètres en face et avec 80 minutes à haut stress dans les mollets, la pénalité qui peut sauver la France d'un bilan d'une grande médiocrité, l'introspection tourne court : « Je fais totalement le vide, et je tire. J'étais juste content du résultat, soulagé de gagner. »
On ne fait pas plus froid ? Si. Son commentaire après la cruellissime défaite d'un quart de finale à jamais amputés des deux points de la transformation que Cheslin Kolbe parvint à lui contrer par miracle ou par malice ? « Mince, ça m'est arrivé ! » ? ; « Il a volé le départ » ? « J'aurais dû me reculer de quelques foulées de plus » ? Non, juste : « C'est arrivé. » Il faut dire qu'il lui en est tellement arrivé à Thomas Ramos !

Une faculté à oublier ses erreurs

Envoyé finir sa formation professionnelle à Colomiers alors qu'il se rêvait au Stade Toulousain, exfiltré précipitamment du Japon pour une vague entorse durant la Coupe du monde 2019, remplaçant de Melvyn Jaminet entré dix-huit maigres minutes en jeu lors du Grand Chelem 2022, c'est peu dire qu'il sera allé « chercher le maillot » pour reprendre une formule chère à Fabien Galthié.
Et son pouvoir d'abstraction et son leadership pèsent tant désormais, qu'il est devenu le choix évident à l'ouverture quand Matthieu Jalibert s'est blessé au genou face à l'Italie.
Tout ne fut pas parfait et, privé de ses compères toulousains Ntamack et Dupont, avec lesquels ils se trouvent si facilement, on peut même dire que sa gestion de la première mi-temps ne fut pas brillante face à l'agression anglaise et que sa défense fut, disons, passable tout du long.
Seulement, Thomas Ramos n'est pas du genre à se démonter. Pas plus quand il rate une pénaltouche que lorsqu'il enfume à la 71e minute la tentative de but franchement dans ses cordes qui aurait ménagé aux siens une fin de match plus sereine.
C'est qu'il possède cette capacité à oublier ses erreurs dans l'instant qui lui assure une solide régularité dans l'exercice des coups de pied placés en dépit d'une puissance de feu plutôt ordinaire.
Et c'est bien utile un buteur sans états d'âme qui tourne à 87 % de réussite quand son équipe marque moins d'essais (13) qu'elle n'en encaisse (14) !
Devenu meilleur buteur français dans le tournoi devant Gérald Merceron en 2023 (84 points) à cinq unités seulement du record de Sir Jonny Wilkinson, il allait encore terminer en tête de la spécialité avec 63 points dont 18 pour le seul exercice d'équilibriste réussi face à des Anglais auxquels on n'apprendra pas que leur sport se nomma longtemps football-rugby.
Et se trouver paré d'une aura de sauveur de la Nation au pied d'or quasi à contre-emploi qui doit laisser ce chantre impénitent du salut par le jeu de mouvement et la relance presque aussi froid qu'une tentative de but décisif en passant.

C'est bien utile un buteur sans états d'âme qui tourne à 87 % de réussite quand son équipe marque moins d'essais (13) qu'elle n'en encaisse (14) !

Les Bleuets en régression

Encore un Tournoi mitigé pour les champions du monde tricolores. Les U20 français n'ont pas réussi à faire mieux qu'une troisième place. Rageant.

Comme leurs aînés, les Bleuets ne peuvent rien face aux Irlandais. Le Tournoi débute mal.

Si l'équipe de France des U20 a glané les trois derniers championnats du monde de la catégorie en 2018, 2019 et 2023 (les éditions 2020, 2021 et 2022 ayant été annulées pour cause de Covid-19), impossible pour les Bleuets de confirmer lors du Tournoi des VI Nations de la catégorie. Après trois deuxièmes places, les hommes de Sébastien Calvet n'ont pas fait mieux qu'une troisième place.
Comme les grands, les Bleuets s'inclinent lors de l'ouverture du Tournoi face aux Irlandais (31-37). Une première période équilibrée (14-17), marquée par un doublé de Mathis Castro-Ferreira (12e, 36e). Des débuts réussis pour Patrick Tuifua, la nouvelle pépite, qui hésite entre le XV de France et les All Blacks. Il est élu homme du match avec un essai et dix-huit plaquages au compteur ! Mais finalement, les Irlandais, plus réalistes, emportent la décision grâce à la précision de leur buteur Jack Murphy (7/7, 17 points), dont deux pénalités en fin de match (77e et 80e). Une douche froide dès le début de la compétition, malgré les deux points de bonus glanés.
La semaine suivante en Écosse, les U20 tricolores se rattrapent, au prix notamment d'une première période maîtrisée. Ils infligent un cinglant 26-0 aux hôtes écossais. Le second acte est beaucoup moins convaincant, mais la victoire est là, bonus offensif en prime, comme face aux Irlandais (15-29). Un trompe-l'œil. Le prochain rendez-vous face à l'Italie prouve que cette équipe de France n'est pas dans son assiette. Si les Bleus sont sauvés par le poteau sur la pénalité de gagne de Garbisi, les Bleuets n'échappent pas à la défaite (20-23). Un revers historique face aux Italiens, dominateurs en mêlée. Les rêves de Tournoi sont définitivement envolés.
Face à de jeunes Gallois moribonds, comme leurs aînés, les Français retrouvent le chemin de la victoire et le sourire.

Si tout n'est pas parfait, les six essais mettent du baume au cœur avant de défier l'Angleterre. Mais finalement, ce Tournoi se termine sur une note amère. Malgré les renforts de plusieurs champions du monde de l'été comme Gazzotti, Reus ou Attissogbe, les Bleuets prennent une belle rouste dans cet épisode final. Une lourde défaite 45-31 avec sept essais dans la musette. Ça fait mal. « C'est un peu un Tournoi cauchemar », résume le manager des U20 Sébastien Calvet, qui laissera d'ailleurs sa place à l'issue de la Coupe du monde cet été.

Les Bleuets terminent seulement troisièmes du Tournoi avec un bilan négatif de deux victoires pour trois défaites.

Révélation

La pépite Tuifua

Même s'il n'a joué que les deux premiers matches du Tournoi U20 avant de repartir en Nouvelle-Zélande, Patrick Tuifua fait déjà couler beaucoup d'encre. Né en Nouvelle-Calédonie, le troisième-ligne vit en Nouvelle-Zélande depuis l'âge de 15 ans. À seulement 19 ans, il intègre l'équipe néo-zélandaise de Hawke's Bay (NPC), entraînée par un certain Brock James, ancienne gloire de Clermont. Alertés par les prestations de Tuifua, plusieurs clubs de Top 14 sont déjà venus aux renseignements pour s'attacher les services de la pépite îlienne. Mais ce dernier est également très désiré par son pays d'adoption : la Nouvelle-Zélande.
Le troisième-ligne a déjà participé à des stages chez les U20 néo-zélandais.
Et dès 2025, il sera éligible pour être sélectionné par les All Blacks qui gardent un œil sur lui. Patrick Tuifua risque d'ailleurs de faire un choix très rapidement entre la France et la Nouvelle-Zélande, puisque Fabien Galthié pourrait l'appeler dès cet été et le « verrouiller » en lui offrant une première cape.

Maudites Anglaises

Une fois de plus, l'Angleterre prive l'équipe de France féminine du Grand Chelem en gagnant la « finale » du Tournoi.

Les années se suivent et se ressemblent. Malheureusement. Les Bleues attaquent pourtant leur Tournoi sur les chapeaux de roues. La réception de l'Irlande est une formalité. Contrat rempli pour l'ouverture du Tournoi avec une victoire et le bonus offensif (38-17, 5 essais). Un succès acquis dans le sillage d'un pack conquérant. Une semaine plus tard en Écosse, la donne est quelque peu différente. Les Bleues, qui souhaitent produire un jeu porté vers l'offensive, balbutient leur rugby. Menées 5-0 à la mi-temps, elles réagissent en seconde période. Une victoire arrachée sur le gong par un essai d'Émeline Gros (5-15, 80e). Heureusement, la conquête fait encore le job, mais l'efficacité n'est pas au rendez-vous. Un avertissement sans frais... Face à l'Italie, les partenaires de Manae Feleu remettent les pendules à l'heure, avec la manière. Une belle victoire (38-15) et une pluie d'essais (six au total) dans une rencontre parfaitement maîtrisée en défense et réaliste en attaque. De bon augure pour la fin du Tournoi. Le déplacement au pays de Galles n'est qu'une formalité face à une formation beaucoup plus faible. Les Bleues en profitent pour peaufiner leurs automatismes et inscrire six nouveaux essais (0-40). Mais tout n'est pas aussi parfait que le score, notamment au niveau de l'indiscipline... Place à la « finale » du Tournoi face à l'Angleterre.

Le pack des Anglaises fait de gros dégâts dans la défense de l'équipe de France qui laisse encore filer un Grand Chelem.

Émeline Gros marque sur le gong en Écosse pour asseoir le succès tricolore. Mais ce fut laborieux.

Nouvelle finale face à l'Angleterre

Mais comme l'an dernier (38-33), l'équipe de France féminine s'incline dans ce Crunch. Dans un stade Chaban-Delmas pourtant plein à craquer avec 28 000 spectateurs, un record pour un match de rugby féminin en France, les Bleues veulent conjurer le sort et renouer avec le succès. Le dernier Grand Chelem date de 2018. Depuis, les Anglaises ont la mainmise dessus. Mais les Red Roses mettent un méchant coup de clim d'entrée de jeu. Un premier essai de la pilier Maud Muir (5e) puis un second de la troisième-ligne Alex Matthews (12e) plombent clairement les Tricolores. Menées 14-0, elles réagissent par Gabrielle Vernier (18e), mais sur l'action suivante, Émilie Boulard tente une relance avant d'être interceptée. Megan Jones file entre les perches et creuse à nouveau l'écart (25e, 7-21). Si Marine Ménager relance un peu le suspense (28e), les Anglaises enfoncent le clou avant la mi-temps par Marlie Packer (33e) et Amy Cokayne (40e). 14-35 à la mi-temps, le score est lourd. Les Anglaises sont plus fortes devant, avec pour principale arme fatale : le groupé pénétrant. Une phase de jeu utilisé quasiment à chaque fois pour déstructurer la défense française. Un plan sans accroc. Ajoutez-y un paquet de fautes de main côté tricolore, difficile d'exister.

La seconde période s'équilibre, les Bleues tentent d'enflammer l'enceinte bordelaise, mais tout s'écroule après seulement cinq minutes dans le second acte. La pilier Assia Khalfaoui maîtrise mal un déblayage. Elle touche avec son épaule la tête de la deuxième-ligne Morwenna Talling. Carton jaune et bunker à suivre. Cinq minutes plus tard, la décision définitive tombe : carton rouge ! Et mission impossible pour l'équipe de France. En fin de match, Marine Ménager s'offre un doublé (70e). Mais Alex Matthews lui répond dans la foulée (73e). La victoire de l'Angleterre est sans appel (21-42). « On ne va pas juger notre Tournoi uniquement sur ce match », assure Gaëlle Mignot, la sélectionneuse de l'équipe de France. Même son de cloche pour le sélectionneur David Ortiz : « Le bilan est positif. Si on gagne en maîtrise sur les moments clés, la physionomie n'est plus la même. On va se nourrir, on va continuer de grandir, le projet avance fort. »

« Le bilan est positif. »

David Ortiz

Série noire

13

Comme le nombre de défaites successives de l'équipe de France féminine face à l'Angleterre. La dernière victoire des Bleues face aux Red Roses remonte au Tournoi 2018 (18-17).

Il y a trente ans

Un essai pour l'éternité !

En 1994, les Bleus de Pierre Berbizier réussissaient l'exploit rarissime de remporter la série des tests en terre All Black, d'un essai de quatre-vingts mètres entré tout droit dans la légende du French Flair.

« Le ballon m'arrive, une vingtaine de mètres à faire. Je vois la ligne. Je suis à fond. Je me suis dit : il est pour moi. Mais du coin de l'œil je vois une ombre noire se rapprocher à toute vitesse sur la droite. À l'extérieur il y a encore Sadour et Saint-André. Alors j'ai préféré assurer. » Assurer ! Aussi anachronique que révélatrice, trente ans plus tard, c'est la réponse fournie par Guy Accoceberry quand, apprenant qu'il est l'auteur de la passe décisive (comme on ne disait pas encore en rugby) de l'essai entré dans la mythologie du French Flair sous le nom « d'essai du bout du monde », on lui demande invariablement pourquoi diable, il a risqué cette passe à portée de la ligne d'essai All Black ? C'est qu'entre cette dernière tournée de temps dits amateurs et le jeu hyperréaliste de l'ère professionnelle, le rugby a changé de monde et que « la passe de trop » invoquée sans cesse par ces coaches aveuglés de datas, pousse désormais l'attaquant vers le chemin le plus court, celui du moindre risque.

C'est aussi que, malgré six semaines inaccoutumées de préparation physique intense, Guy Accoceberry ne se sentait pas forcément suffisamment gainé pour emporter John Timu dans l'en-but.

Et enfin que le rugbyman de profession songe un peu plus à faire reluire son image et un peu moins à faire briller son partenaire. Mais si cet essai iconique a pris place dans la grande galerie des exploits illustrant la supposée singularité d'un savoir-faire offensif français aux côtés d'une relance de cent mètres bouclée par Saint-André à Twickenham en 1991 ou d'une merveille de fulgurance au rebond enchanté de Christophe Dominici en demi-finale de la Coupe du monde 1999, il est autant le fruit d'un travail physique acharné et d'une stratégie froidement pensée qu'un brutal coup de génie partagé par tous dans d'ultimes minutes où nécessité de scorer fait loi.

L'enfer à l'Eden Park

Mais revenons au commencement. À ce coup de pied un poil dans le vague de Bachop, l'ouvreur All Black à la 78e minute du deuxième test disputé en ces premiers jours de juillet 1994 par la France à l'Eden Park d'Auckland au terme d'une tournée de près de six semaines au travers du Canada et du pays du long nuage blanc. Dominés comme jamais jusqu'alors, ni depuis par un pack tricolore d'une parfaite complémentarité, les All Blacks ont plus lourdement perdu encore que ne l'indique le score, le premier test disputé à Christchurch, au soir duquel Sean Fitzpatrick, leur capitaine, a promis « l'enfer à l'Eden Park ». Et depuis soixante-dix-sept minutes, en effet, ça tombe comme à Gravelotte.

Au moment du « toss », la cérémonie de tirage à pile ou face du choix du côté du terrain et du sens du vent, Sean Fitzpatrick a broyé la main de son vis-à-vis Philippe Saint-André. Et dès l'entame, la charnière française

« Je crois que cet été, les gars seront contents de montrer leurs zébrures sur la plage. Ils pourront dire : "j'y étais". »

Pierre Berbizier

composée des feux follets Christophe Deylaud et Guy Accoceberry, qui honore là sa deuxième sélection, a été prise pour cible.
Quant aux chocs entre avants ils ont été disons… rudement virils en ces temps où l'arbitrage vidéo n'était même pas une idée dans l'air et le rucking – grattage furieux à coups de crampons de tout adversaire réputé hors-jeu au sol – une pratique légale considérée comme une assistance à l'arbitrage. « On a vu des gestes qui méritaient l'expulsion, témoignera le fort peu belliqueux Jean-Luc Sadourny. Ils ont été très vicieux. Piétinements, placages à retardement, coups en douce. Ils ont provoqué en permanence. »
Encore traumatisé par la double expulsion de Vincent Moscato et Grégoire Lascubé contre l'Angleterre deux ans plus tôt et soucieux de lutter contre la réputation de voyous qui colle encore aux basques des Tricolores malgré son intransigeance, Pierre Berbizier estime que « si nous avions accompli les mêmes gestes qu'eux, nous aurions eu des joueurs expulsés. Il faut s'y faire. D'un autre côté, je crois que cet été, les gars seront contents de montrer leurs zébrures sur la plage. Ils pourront dire : "j'y étais". » Pour ça, ils y étaient. Thierry Lacroix K.-O. sur une cravate de Frank Bunce, Christian Califano, 22 ans, crâne ouvert pour sa deuxième sélection ou Philippe Benetton piétiné comme tapis-brosse peuvent en témoigner, avant d'aller de l'arrière, les Bleus ne se sont pas enlevés de devant !

L'affaire semble pliée

Mais en dépit de deux ballons expédiés sur les poteaux par Cooper, le buteur local, la France est menée de quatre points à la suite d'un essai rageur de Fitzpatrick et les Blacks ne sont pas décidés à relâcher leur terrible étreinte physique avant de passer aux choses sérieuses : la réception de l'Afrique du Sud, 13 ans après une dernière visite houleuse au plus fort de l'apartheid. Oui, l'affaire semble pliée, les Tricolores devront se contenter d'un unique succès, comme les hommes de Jean-Pierre Rives en 1979. Et puis il y a ce cadeau empoisonné tombé du ciel et Philippe Saint-André au point de chute. Capitaine en remplacement d'Olivier Roumat depuis la mi-tournoi et un humiliant échec au Parc des Princes face à l'Angleterre, l'ailier Montferrandais est du genre remuant pragmatique. Et son choix est vite fait.
« De toute façon j'ai un coup de pied de moineau, s'amuse-t-il au sortir du match. Plus sérieusement la consigne était claire, ne pas sortir le ballon du champ de jeu. La relance je ne la vois pas très bien embarquée, leurs trois-quarts sont montés vite, pas moyen d'aller à l'extérieur, alors je suis rentré dans la meule. »
Au rendez-vous de la « meule », il retrouve Xavier Blond rentré

Christian Califano, tête bandée, a donné de sa personne au cours de ce match de légende.

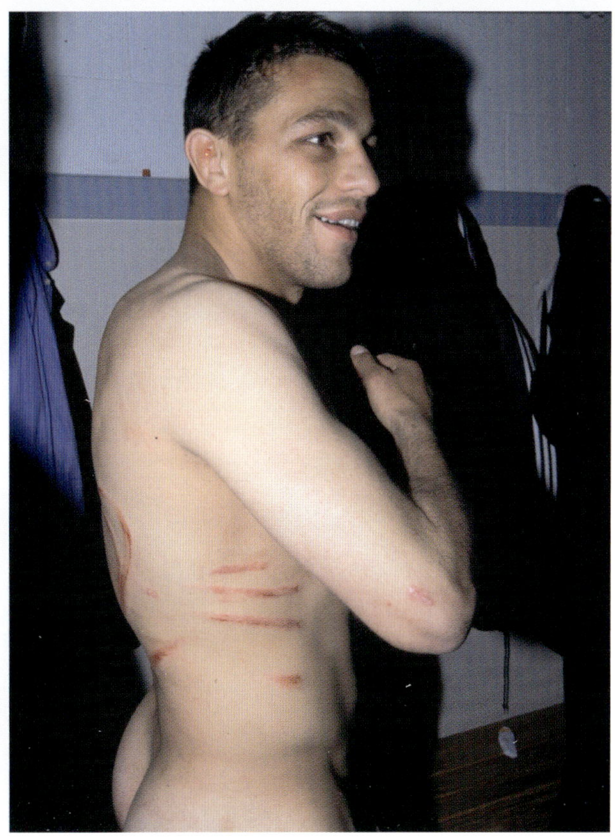

Philippe Benetton peut en témoigner : les crampons des Néo-Zélandais ont un peu traîné au cours du match…

Il y a trente ans

Émile Ntamack et les Bleus ont mystifié Jonah Lomu et la défense All Black sur cette action d'anthologie.

peu avant en remplacement de Philippe Benetton définitivement essoré, et qui laissera un genou sur ce ruck furtif. Premier miracle, Jean-Michel Gonzalez, le talonneur basque plus friand de combat que de fandango transmet dans le temps le plus juste à Christophe Deylaud qui ouvre sans hésiter.
« Depuis le début on avait décidé de jouer à droite, sur Lomu dont les placements défensifs sont suspects. Là, en plus, le jeu le demandait. »
À 19 ans, la future star du mondial sud-africain dispute là son deuxième test seulement, lui qui, six mois plus tôt, était encore sélectionné scolaire en numéro huit. Deylaud retrouve Abdel Benazzi qui, deuxième miracle, effectue une demi-feinte de passe et transmet à Émile Ntamack au lieu de pousser trop loin son action comme son physique hors norme l'y incite trop souvent. Lomu débordé se retrouve en poursuite. Intervient alors à grandes enjambées l'inventif Laurent Cabannes, qui a soigné des contractures toute la semaine.
« Sur la passe d'Émile, j'ai cherché à emmener tous les défenseurs à droite, j'avais déjà vu Delaigue dans mon dos, il n'a pas eu besoin de m'appeler. » C'est le troisième ballon seulement que touche le jeune Delaigue depuis qu'il a remplacé Thierry Lacroix au centre.
« On était tous à l'affût d'un bon coup et moi j'avais du jus, résume-t-il. Je savais qu'il ne restait pas beaucoup de temps pour faire une différence. »
Et quelle différence !
La passe croisée qu'il a reçue de Cabannes a déjà mis ce qu'il reste de la défense All Blacks sur les talons, son cadrage débordement va laisser le troisième ligne Brewer sur les fesses, au sens le moins propre et le plus humiliant du terme.

Apparaît donc Guy Accoceberry.
« Quand Yann a croisé, il était lancé comme un V2 et moi j'avais suivi tout le mouvement en courant dans l'axe du terrain. Et puis le ballon m'arrive. Une vingtaine de mètres à faire. Je vois la ligne... », raconte-t-il à notre confrère Henri Bru.
On connaît la suite.
Il n'y a plus qu'à porter l'estocade dans le flanc du fauve noir à genou.
« Je vois Timu prêt à plaquer Acco si près du bonheur, je l'appelle, je hurle, je ne sais pas s'il m'a entendu. Lui, oui. Une passe et je m'écrase dans l'en-but comme un tank, personne ne m'aurait arrêté. Quand on a pris cet avantage définitif, je me suis retourné, c'était un champ de morts », résume joliment Sadourny, heureux auteur pour l'éternité du plus collectif des essais.

« Intelligents et disciplinés »

Racontée comme ça, à chaud, dans un vestiaire bousculé d'émotions, l'action semble frappée du coin de l'évidence, presque facile.
Mais derrière la part d'intuition individuelle et de qualité gestuelle qui forment l'essentiel de ce qu'on nomme French Flair, qui n'est ni exclusivement français bien sûr, ni uniquement du flair, se cache une somme de travail et d'apprentissage

Émile Ntamack et Laurent Cabannes, deux maillons du collectif français.

commun que tous, les dix qui ont touché le ballon, les cinq qui leur ont fait escorte (Sella, Roumat, Merle, Califano, Benezech) se plaisent à souligner.
Et que résume Pierre Berbizier avec sa réserve habituelle : « J'ai toujours dit que nous avions un talent que nous devions exploiter. Mais cela ne peut se faire avec profit qu'une fois assurées les contraintes du jeu. » Celle des fondamentaux de la conquête portés par une condition physique optimale.
Au fil des cinq semaines de vie commune qui les ont vus traverser la Nouvelle-Zélande du Nord au Sud au fil de six matches de province, dont un faux test contre la Nouvelle-Zélande B et le premier test de Christchurch, les Tricolores se sont forgé un style où le souci des bases le dispute à un bel opportunisme offensif. Emmenés par Pierre Berbizier, qui ne rate jamais l'occasion de prendre la tête de footings de muerte, et suivis de près par un encadrement qui, pour la première fois en tournée, comporte un médecin spécialiste du sport, le Dr Bichon, un kinésithérapeute, Xavier Gousse, et même avec Ian Borthwick, un traducteur chargé d'éviter les malentendus entre les peuples, les hommes de Saint-André se sont entraînés tous les jours. Et ça fait une sacrée différence pour de sympathiques dilettantes, habitués depuis l'enfance à jouer au rugby pour être en forme plutôt que l'inverse.
« Cet essai, tient d'ailleurs à préciser Philippe Saint-André, c'est cinq semaines de travail derrière. Parce qu'il n'y a pas un joueur qui a fait le mètre de trop, parce qu'il fallait être quinze au top pour y arriver. Et parce que pendant les soixante-dix-huit minutes qui ont précédé nous avons été encore une fois intelligents et disciplinés. »

De g. à d. : Christian Califano, Philippe Saint-André, Philippe Sella, Thierry Lacroix, Philippe Benetton, Jean-Michel Gonzalez, Guy Accoceberry.

Exceptionnellement lucides et soucieux de coller aux consignes tout au long d'un match explosif, en effet. Intenables en touches, hyper-pressants en défense pour empêcher les All Blacks de mettre leur puissant jeu dans l'axe en mouvement et priver Jonah Lomu de munitions, les Bleus n'ont pas volé l'impossible. L'arbitre, un certain Derek Bevan, n'a rien trouvé à redire à ces infiltrations derrière touche qui font hurler toute la Nouvelle-Zélande au hors-jeu systématique. Un an plus tard, en demi-finale du Mondial, c'est le même monsieur Bevan qui portera le coup de sifflet fatal aux espoirs des Bleus dans le bourbier de Durban face aux Springboks de Nelson Mandela.

La cinquième défaite de l'histoire des Blacks

En attendant, les Tricolores peuvent rêver d'un avenir radieux sous les cocotiers d'Honolulu où ils ont fait escale quelques jours sur le chemin du retour.
Pensez, c'est la première défaite des All Blacks dans une série de tests depuis celle face aux Lions britanniques et Irlandais en 1971 et la cinquième seulement de leur histoire – Afrique du Sud 1937, Australie 1949 et 1986 – et il faudra attendre 2022 pour que l'Irlande devienne la sixième équipe à réaliser l'exploit et, preuve supplémentaire que la Nouvelle-Zélande fait preuve d'un sens de l'hospitalité extrêmement limité, elle n'a plus perdu à l'Eden Park lors des 47 rencontres qu'elle y a disputé depuis lors.
Une telle réussite allait entretenir pour des décennies la réputation d'*unpredictability* des Bleus à l'autre bout du monde et perpétuer la légende d'un French Flair capable de les sortir triomphants des pires traquenards.
Cet exploit lointain ne fut pas suffisant, cependant, pour éviter aux Bleus de Saint-André un nouveau Tournoi poussif l'hiver suivant, ni au rugby français de retomber, jusqu'au révolutionnaire virage de la convention LNR-FFR de 2020, dans le travers de préparations physiques adaptées aux ambitions de printemps des clubs plutôt qu'à celles de l'équipe de France au cours de tournois trop longtemps abandonnés à la bonne fortune de quelques générations inspirées.

PEUGEOT
AIRBUS
GREEN CITY

Premier de la phase régulière, le Stade Toulousain s'adjuge un vingt-troisième titre de champion de France au terme d'une saison maîtrisée de bout en bout.

Toujours aussi indécis

Si en bas de tableau Oyonnax a vite été décroché, pour la qualification directe en demi-finales et en barrages, tout s'est joué lors de l'ultime journée.

Le Palois Émilien Gailleton, recalé par l'équipe de France à l'issue de la préparation pour la Coupe du monde, brille dès la reprise du Top 14.

Lopez ouvre la voie pour Bayonne

La saison débute un soir de 18 août, à Jean-Dauger, entre l'Aviron Bayonnais et le champion sortant, le Stade Toulousain, alors que les yeux sont surtout rivés sur l'équipe de France qui termine sa préparation à la Coupe du monde. Ce choc lance un bloc de trois matches avant que le Top 14 ne s'accorde un intermède de huit semaines, le temps que l'Afrique du Sud conserve son titre de championne du monde. Durant cette soirée caniculaire, la star de la soirée se nomme Camille Lopez. L'ouvreur Ciel et Blanc attaque sa saison sur les chapeaux de roues. Il inscrit 16 points au pied dont 2 drops. Un geste (re)devenu sa spécialité (il en avait passé 7 la saison passée). À 34 ans, l'ex-international est toujours aussi fringant et offre une première victoire de prestige à Bayonne (26-7).

Cette première journée est placée sous le signe des numéros 10 buteurs.

L'autre belle perf' est à mettre au crédit d'Oyonnax. Le promu prouve qu'il faudra compter avec lui en s'imposant avec autorité à domicile devant Clermont (36-17). Là encore, c'est un numéro 10 qui brille. Jules Soulan offre un récital au pied en passant la bagatelle de 21 points. Cette première journée est placée sous le signe des dix-buteurs. Castres doit son salut à Pierre Popelin. Remplaçant au coup d'envoi, la recrue en provenance du Stade Rochelais réussit ses premiers pas dans le Tarn. Entré à la 50e minute de jeu à la place de Louis Le Brun, le buteur inscrit 12 points dont la pénalité de la gagne sur la sirène face à Pau (24-23). À La Défense Arena, Il faut un sacré numéro de Nolann Le Garrec pour que le Racing 92 évite une première sortie de route contre l'UBB (23-18). Réduits à 14 dès la 4e minute de jeu à la suite de l'expulsion de Palu, les Franciliens doivent leur salut à leur numéro 9, auteur de 20 points dont un doublé !

Nolann Le Garrec attaque la saison sur les chapeaux de roues. Le demi de mêlée du Racing réalise un doublé face à Bordeaux-Bègles.

Dulin, Gailleton, Serin, les recalés au rendez-vous

Le lundi 21 août, Fabien Galthié dévoile la liste des 33 joueurs retenus pour participer à la Coupe du monde. 42 joueurs avaient effectué la préparation. Neuf sont recalés et libérés deux jours plus tard. Plusieurs sont vite sur le pré avec leur club. C'est le cas de Brice Dulin. L'arrière participe activement à la victoire autoritaire du Stade Rochelais sur le LOU en inscrivant notamment le premier essai de la partie (35-14). Idem pour Baptiste Serin. Alors que son équipe de Toulon est dans le dur face à Bayonne, son entrée en jeu à la 48e minute de jeu change le cours du match. Le demi de mêlée inscrit l'unique essai des siens, décisif dans le gain du match (19-14). À Pau, Émilien Gailleton réalise un match plein face au Racing 92 (19-17). Le centre est le symbole d'une équipe rajeunie et confirme tout le bien qu'on pense de lui, même s'il n'a pas réussi à accrocher le wagon du Mondial à l'inverse de son ami Louis Bielle-Biarrey.

Joker

Kockott reprend du service

Alors qu'il avait mis un terme à sa carrière de joueur en juin 2022 pour intégrer le staff du Castres Olympique, Rory Kockott avait rechaussé les crampons pour quatre matches au cœur de l'hiver afin de dépanner le CO, en rade de demi de mêlée. Puis en fin de saison, il n'est finalement pas conservé. Mais le 8 août, surprise ! Le Stade Français annonce la signature de Rory Kockott (37 ans) comme joker Coupe du monde. Dix jours plus tard, il entre à la 55e minute de jeu lors de la victoire du Stade Français à Perpignan (7-29).

Sans ses internationaux, le Stade Toulousain remet les pendules à l'heure pour la première de la saison à Ernest-Wallon et sous les yeux de Romain Ntamack, blessé au genou et forfait pour le Mondial. Une victoire bonifiée face à une équipe de Montpellier dépassée (38-13). Porté par sa jeunesse, à l'image du centre Paul Costes ou le troisième-ligne Théo Ntamack, le champion en titre colle six essais aux Montpelliérains. Mais les vieux briscards sont aussi à la fête avec un doublé de Sofiane Guitoune.

Après trois matches, pour l'USAP, c'est la soupe à la grimace.

Urdapilleta en maestro

Rory Kockott, trente-sept printemps, a de la concurrence. Benjamin Urdapilleta, qui souhaitait faire une saison de plus, a lui aussi quitté le Castres Olympique à l'intersaison. L'Argentin trouve un dernier challenge à Clermont sous la houlette du nouveau manager Christophe Urios. Les deux hommes se connaissent bien pour des expériences communes réussies à Oyonnax et Castres. Alors que l'ASM est armée au poste d'ouvreur avec Anthony Belleau et Jules Plisson, qui se sont partagé le temps de jeu la saison passée, Benjamin Urdapilleta débarque en chouchou d'Urios. Pour sa première sous le maillot clermontois, le buteur donne raison à son mentor. Clermont s'impose avec le bonus et autorité devant Perpignan (38-14), il inscrit 11 points.

Pau dans le bon tempo

Ce premier bloc de trois matches sourit à la Section Paloise. Devant leur public, les Béarnais ne font qu'une bouchée du LOU. Une victoire bonifiée nette et sans bavure (40-10), rondement menée par la jeune garde, à l'image de l'ailier champion du monde Théo Attissogbe, auteur d'un essai. Pau, habitué au bas de tableau, se retrouve second de la classe. Le Castres Olympique aussi finit fort cette introduction domestique en étrillant l'Aviron Bayonnais, déjà en vacances : 37-0 ! Le Racing 92 s'offre également un festival offensif avant la pause de deux mois en disposant de Perpignan. Neuf essais au compteur, dont des doublés de Jordan Joseph, Thomas Laclayat et Wame Naituvi (59-10). À l'inverse, pour la victime du jour, l'USAP, c'est la soupe à la grimace. La formation catalane est l'unique équipe avec zéro point au classement ! Chez les « gros », si Toulouse a bien géré l'absence des internationaux avec une victoire à Oyonnax (21-27), le Stade Rochelais s'est pris les pieds dans le tapis à Clermont (11-10), comme Toulon à l'UBB (22-17).

Les Bleus retrouvent des couleurs

L'élimination des Bleus en quart de finale du Mondial est encore dans toutes les têtes au moment de retrouver le Top 14. Plusieurs internationaux tricolores sont néanmoins sur le pont. C'est le cas des Toulonnais Charles Ollivon et Gabin Villière. Ils participent grandement au succès bonifié du RCT devant Oyonnax (41-7). L'ailier s'offre un essai (23e). Même topo du côté de Lyon. Baptiste Couilloud est à la manœuvre lors de la victoire, elle aussi bonifiée, du LOU sur Clermont (41-22). Le demi de

Le Racing 92 cartonne face à Perpignan (59-10). L'ailier Wame Naituvi, nouvelle recrue, s'offre un doublé.

De retour de la coupe du monde, Baptiste Couilloud retrouve rapidement ses habitudes au LOU. Le demi de mêlée marque face à Clermont (41-22).

mêlée trouve également la faille (45e). À l'inverse, malgré le retour de son centre Arthur Vincent, Montpellier subit la loi du Racing 92 (16-19), sans ses Bleus.

Dans le choc entre le Stade Toulousain et l'Union Bordeaux-Bègles, deux des gros pourvoyeurs de l'équipe de France, les staffs font le choix de laisser leurs tricolores encore un peu au frigo. Les Bordelais, bien emmenés par leur 10 de substitution Mateo Garcia ou leur recrue japonaise Tevita Tatafu, tiennent la dragée haute aux Toulousains où Paul Costes continue de se montrer.

Irrésistibles

Le Stade Français à la fête

Alors que le futur directeur rugby Laurent Labit et le futur entraîneur en chef Karim Ghezal sont toujours auprès de l'équipe de France pour terminer leur mission d'adjoints de Fabien Galthié, le Stade Français brille. Sous la houlette de Paul Gustard *(photo)*, l'entraîneur de la défense, qui s'est vu confier les rênes de l'équipe pro jusqu'à la fin de la Coupe du monde, les Parisiens assurent ! Ils s'imposent avec autorité devant Montpellier (24-9), bonus offensif à la clé. Un troisième succès de rang, synonyme de première place au classement. Le club de la capitale est le seul à engranger trois succès sur ce premier bloc.

À l'heure de jeu, l'UBB mène 19-11. La rencontre bascule finalement dans les dix dernières minutes. Baptiste Germain (73e) et Ange Capuozzo (75e) marquent coup sur coup. Les Girondins sont en perdition. Ils repartent même bredouilles en laissant échapper le bonus défensif sur un drop de Germain sur la sirène (29-22). Dans le même temps, la Section Paloise régale et maintient le cap en enfonçant Perpignan à Aimé-Giral (24-39). Les Palois sont en tête du classement, puisque le Stade Français a perdu à Bayonne (16-3). Une première depuis la remontée du club en Top 14.

« Des fautes bêtes, des en-avant, des touches pas droites, des mêlées pénalisées, un mauvais jeu au pied, c'était cadeau pour Oyonnax. »

Ronan O'Gara

Perpignan passe la première

Quatre défaites de rang, une défaite à domicile face à Pau, au moment de recevoir Toulon à Aimé-Giral, les supporters catalans tremblent. Avec un zéro pointé au classement, ce match est déjà presque capital dans la course au maintien. Les deux essais varois inscrits dans la première demi-heure de jeu (Ollivon (9e) et Luc (27e)) ne prêtent guère à l'optimisme même si Lucas Velarte redonne espoirs aux siens (32e). À l'heure de jeu, l'USAP

Embourbé

Le Stade Rochelais en perdition

Le premier bloc de trois matches n'avait pas été une réussite pour le Stade Rochelais (1 victoire, 2 défaites, 5 points). La pause de deux mois et le retour des internationaux n'ont pas changé grand-chose, même si aucun n'est aligné pour la venue du Castres Olympique à Deflandre. Une pénalité de Popelin scelle le sort du match (24-27, 68e). « C'est une douche froide, on s'est écroulé », glisse le deuxième-ligne Rémi Picquette.

Les Toulousains de Melvyn Jaminet, pris en tenaille par deux Palois, n'y arrivent pas et s'inclinent au stade du Hameau (13-9).

Zack Henry porte Paris. L'ouvreur inscrit 21 points au pied qui permettent au Stade Français de l'emporter à Lyon.

s'en remet à la botte de son arrière Tommaso Allan pour être devant au score (19-15). L'essai de Tavite Veredamu (70e) est synonyme de délivrance. Les Sang et Or tiennent enfin leur premier succès de la saison. Dans le même temps, Montpellier continue de s'enfoncer vers le bas de classement en concédant une nouvelle défaite sur la pelouse de Bordeaux-Bègles (26-13). Une autre formation ne parvient pas à décoller et lancer sa saison : le Stade Rochelais. Les Maritimes s'inclinent cette fois à Oyonnax. Menés 19-3 à l'heure de jeu, ils ramènent un bonus défensif sur la sirène à la suite d'un essai de Thierry Paiva (19-17). Mais avec seulement 7 points au compteur et une 12e place, le double champion d'Europe est en état d'alerte. « Des fautes bêtes, des en-avant, des touches pas droites, des mêlées pénalisées, un mauvais jeu au pied, c'était cadeau pour Oyonnax », constate le manager Ronan O'Gara. En revanche, du côté de Pau, il y a quelque chose qui ne change pas : Toulouse n'y arrive pas. Les années se suivent et les protégés d'Ugo Mola reviennent une fois de plus avec un revers (13-9). La Section Paloise conserve sa première place.

Clermont enfonce Montpellier

Et de cinq. Avec la réception de Clermont, Montpellier pense se donner un peu d'air. Raté ! Les Montpelliérains enchaînent une cinquième défaite de rang (17-20). « On s'est fait des promesses, mais on ne le retranscrit pas sur le match », peste l'arrière Julien Tisseron. La crise couve. En tête de classement, le Stade Français réussi le gros coup de cette 6e journée en décrochant un

Forte tête

Tedder sauve le Racing

Recruté à l'intersaison en provenance de Perpignan, Tristan Tedder enchaîne en ce début de saison. Le Sud-Africain enfile également le rôle de buteur face à Lyon puisque Nolann Le Garrec est remplaçant. À la 56e minute de jeu, Tristan Tedder cède sa place sur commotion au jeune Martin Méliande (21 ans) qui vit ses premières minutes en Top 14. Le protocole commotion réussi, Tristan Tedder revient sur la pelouse de l'Arena. Il délivre son équipe sur la sirène. Après plusieurs temps de jeu sur la ligne des Lyonnais, l'ouvreur trouve enfin la faille. Il transforme pour offrir une victoire in extremis au Racing 92 (22-20).

précieux succès sur la pelouse du LOU. Une victoire du réalisme. Sans briller outre mesure, les Parisiens se nourrissent d'abord des fautes lyonnaises et inscrivent trois essais à presque zéro passe en première période. D'abord par Ward sur interception (23e) puis par Abramishvili (30e) et Ivaldi (40e) à la suite de groupés pénétrants d'école. Le pied de Zack Henry fait le reste (100 %, 21 points). Dans un autre style, la Section Paloise poursuit son début de saison plein pot avec une nouvelle victoire sur Bordeaux-Bègles (20-11).

Toulon, le coup de la panne

Dans une rencontre spectaculaire, Toulon et le Racing se rendent coup pour coup. À l'heure de jeu, le RCT a déjà inscrit quatre essais (Alainu'uese, Serin, Dréan, Tuicuvu). Le score est de 31-7 (essai d'Arundell pour le Racing). Difficile d'imaginer les Franciliens revenir dans la partie. Et pourtant, les Varois se fissurent lentement mais sûrement. L'ailier Henry Arundell régale et inscrit deux nouveaux essais synonymes de triplé pour sa première en Top 14. Thomas Laclayat trouve aussi le chemin de l'en-but. À dix minutes du coup de sifflet final, le Racing n'est qu'à cinq points. Le stade Mayol retient son souffle. Malgré encore quelques frayeurs, Toulon tient et s'offre une victoire de prestige.

Une autre formation joue avec le feu après avoir maîtrisé son rugby : le Stade Toulousain. À la 51e minute de jeu, Peato Mauvaka, intenable, inscrit le sixième essai de l'après-midi des Rouge et Noir. Perpignan plie mais ne rompt pas. Le score enfle pourtant à 43-20. Quatre minutes plus tôt, Antoine Dupont est entré en jeu. C'est le retour du capitaine de l'équipe de l'équipe de France avec son club, près d'un mois après l'élimination en quart de finale de la Coupe du monde. Durant ces 30 minutes, l'USAP colle 21 points aux Toulousains. Pas assez pour grappiller un bonus défensif, mais assez pour enlever le bonus offensif au champion de France en titre (43-34).

Le Racing réussit le grand 8

Cette septième journée est placée sous le signe des derbies, avec le Stade Français et le Racing 92 en entrée. Sur la pelouse du stade Jean-Bouin, on ne change pas les habitudes. À savoir une victoire du Racing 92 (9-13). Sous un déluge continu de la première à la quatre-vingtième minute, les Ciel et Blanc se montrent plus entreprenants ballon en main. Ils sont récompensés par un essai de leur capitaine Henry Chavancy (17e). Leur état d'esprit défensif fait ensuite la différence en fin de partie pour préserver leurs quatre points d'avance.

Dupont reprend du service. Premier match pour le demi de mêlée depuis l'élimination au Mondial. Il contribue à la victoire sur Perpignan (43-34).

Oyonnax rigole, à l'image de Justin Bouraux, auteur d'un des quatre essais sur la pelouse de Montpellier, synonyme de succès (21-26).

Ultra-dominateurs en mêlée (cinq pénalités gagnées), les Parisiens se perdent en touche en égarant de nombreux ballons. Le Racing 92 s'impose ainsi pour la huitième fois de suite sur la pelouse du Stade Français, le dernier succès des stadistes remontant à décembre 2017 ! Une éternité. « Ça fait chier », souffle le demi d'ouverture Joris Segonds.

Entrée réussie

Reus sauve La Rochelle

Emmené par un Camille Lopez toujours fringant (15 points, dont un nouveau drop), Bayonne résiste au Stade Rochelais. Malgré le retour de nombreux internationaux (Boudehent, Botia, Hastoy, Danty, Atonio, Bourgarit), les Jaune et Noir n'y arrivent pas. Il reste trois minutes à jouer quand l'ouvreur Antoine Hastoy cède sa place à Hugo Reus. Le score est de 15-15 avec du vent et de la pluie pour ne rien arranger. Sur la sirène, le Stade Rochelais obtient une dernière pénalité, synonyme de balle de match. À 47 mètres en coin, Hugo Reus (19 ans, *photo*) ne tremble pas.

« On se régale, ça envoie du jeu. »

Nathanaël Hulleu, ailier du Castres Olympique

L'autre bon coup est signé par Toulon. Les Toulonnais empochent une victoire de prestige sur la pelouse de Clermont (27-30). Le RCT doit son salut à un essai de son ailier Jiuta Wainiqolo à deux minutes du coup de sifflet final. De son côté, l'Aviron Bayonnais profite de la venue de Pau pour mettre fin à une série noire de longue date devant le voisin béarnais. Les Bayonnais ne s'étaient plus imposés devant les Palois à domicile depuis 2005 ! En prime, ils empochent le bonus offensif (35-16). Le Castres Olympique l'aurait mérité aussi. Si « jeu de mains, jeu de Toulousains » est souvent associé au champion de France, les Castrais se montrent très joueurs face aux Rouge et Noir. Ils passent quatre essais à Toulouse (31-23) et continuent leur route en tête du classement. « On se régale, ça envoie du jeu », sourit la nouvelle recrue Nathanaël Hulleu. Le promu Oyonnax est aussi à la fête avec une victoire et un festival d'essais face au LOU (38-20, quatre essais à trois).

Électroflop à Montpellier

Le remue-ménage à Montpellier n'a pas l'effet escompté. Après une semaine de travail avec le nouveau staff, Montpellier reçoit Oyonnax la peur au ventre. Résultat : une nouvelle défaite à domicile face à un concurrent direct au maintien. L'électrochoc vire à l'électroflop ! Sam Simmonds lance pourtant parfaitement son équipe en inscrivant le premier essai après quatre minutes de jeu. Mais les Oyonnaxiens répondent par leur ailier Daniel Ikpefan. Bastien Chalureau redonne espoir au MHR, mais rebelote : Justin Bouraux permet à son équipe de revenir à hauteur (14-14). Juste avant la pause, les hommes de Patrice Collazo ne profitent pas d'une double supériorité numérique (cartons jaunes pour Chris Farrell (37e) et Tommy Raynaud (40e). Joueuse, l'équipe promue en Top 14 joue sa carte à fond. Chris Farrell inscrit un essai (57e) et Maxime Salles en colle un autre à cinq minutes du coup de sifflet final. Le sort de la partie est scellé. L'essai de Paul Willemse n'y change rien (77e). Montpellier encaisse une septième défaite de rang (21-26) et le point de bonus défensif demeure comme

« C'est un manque de confiance, de contrôle, de précision technique. Il y a un voyant rouge vif, c'est le classement. »

Patrice Collazo

un maigre lot de consolation. « C'est un manque de confiance, de contrôle, de précision technique, pointe Patrice Collazo. Il y a un voyant rouge vif, c'est le classement. » Le MHR est 14e !

Pau y prend goût

Du côté de Pau, Les protégés de Sébastien Piqueronies se montrent d'une efficacité folle face au Stade Français. Victoire et bonus offensif à la clé (30-6). Pau est seul leader au tiers du championnat. « La Section devient adulte », espère l'entraîneur en chef. L'autre équipe en forme se nomme Toulon. Les Varois poursuivent leur montée en puissance en disposant de Castres (41-19) malgré l'expulsion du centre Jérémy Sinzelle dès la 47e minute de jeu. « Il se passe quelque chose », pense l'ouvreur Enzo Hervé. Sans être flamboyant, Toulouse poursuit également son bonhomme de chemin. Emmenés par une charnière Dupont-Ramos en demi-teinte, les Toulousains s'en sortent très bien. Une victoire 31-10 bonifiée sur la dernière relance et conclue par Baptiste Germain. Dans un autre style, le LOU retrouve des couleurs après trois défaites de rang. Les Lyonnais viennent à bout de Bayonnais résistants (42-29). « Ça fait du bien », souffle le deuxième-ligne Félix Lambey.

Le champion du monde Siya Kolisi dispute son premier match sous les couleurs du Racing 92 face au Stade Rochelais.

Révolution

Montpellier pique sa crise, Laporte arrive

Dans le match de la peur à Perpignan, Montpellier subit une nouvelle désillusion (23-16) avec une sixième défaite de rang et une place de lanterne rouge. Le président Mohed Altrad décide de procéder à un chamboule-tout en règle. Le manager Richard Cockerill, arrivé à l'été 2023, est démis de ses fonctions. Jean-Baptiste Élissalde, en charge du jeu d'attaque, prend également la porte. Et là, coup de théâtre : c'est Bernard Laporte qui est appelé à la rescousse. Il s'entoure d'un quatuor pour assurer les entraînements. À commencer par Patrice Collazo comme manager sportif alors que ce dernier vient de se faire virer de Brive (Pro D2) quelques jours plus tôt. Vincent Etcheto (attaque), Christian Labit (skills) et Antoine Battut sont aussi de la partie.

Exploit

4 Pour sa première à Chaban-Delmas sous ses nouvelles couleurs, Damian Penaud met moins de deux minutes pour inscrire son premier essai. Il double la mise sur interception (17e). Le triplé ne tarde pas, toujours en bout de ligne et toujours après un plongeon dans l'en-but (33e). Il marque son quatrième essai personnel juste avant la mi-temps, encore et toujours sur son aile droite (39e). Une première à l'UBB pour un premier quadruplé en carrière. Il est le septième joueur à réussir cette prouesse depuis l'instauration du Top 14 en 2005 après Caucaunibuca, Nalaga, Gerber, Smith (deux fois), Lacroix et Picamoles.

La folie Kolisi

Avec moins d'une semaine d'entraînement dans les pattes dans sa nouvelle maison du Racing 92, où il a été adopté à vitesse grand V, Siya Kolisi fête déjà sa première titularisation en Ciel et Blanc à l'Arena, face au Stade Rochelais, double champion d'Europe et finaliste malheureux du dernier Top 14. Une affiche de rêve pour lancer officiellement la nouvelle vie du double champion du monde sud-africain en France. Maillot floqué du numéro 7, strapping imposant sur son genou droit, Siya Kolisi vit une première plutôt timide. En revanche, son équipe décroche un succès de prestige face au Stade Rochelais (32-10). Une victoire bonifiée en prime par un essai de Henry Arundell dans le money-time (78e), bien aidé par l'expulsion précoce de Teddy Thomas (25e), synonyme de première place du Top 14.

Montpellier s'enfonce, l'UBB s'exporte

Le MHR est au plus mal au moment de débarquer à Jean-Dauger, citadelle imprenable depuis près de deux ans. Les Bayonnais confirment leur invincibilité à domicile. Toujours emmené par sa charnière Rouet-Lopez, l'Aviron coule un peu plus les Montpelliérains (34-19). Avec une huitième défaite de rang, Montpellier reste englué à la dernière place. À l'inverse, Bayonne (10e) se donne un peu d'air tout comme le Stade Rochelais. Toujours sur courant alternatif depuis le début de saison, les Rochelais retrouvent des couleurs face à Perpignan (35-6). Une victoire bonifiée, dont l'ampleur du score est trompeuse. À la mi-temps, les Maritimes galèrent. Ils ne doivent leur salut qu'au sextuple changement effectué dès la mi-temps par le manager Ronan O'Gara. Six internationaux (Bourgarit, Danty, Hastoy, Kerr-Barlow, Picquette, Sclavi) pour changer le cours de la partie. Mission réussie. Dans le même style, le Castres Olympique se bonifie face à Lyon (29-14). Mais le meilleur coup est à mettre au crédit de l'Union Bordeaux-Bègles, vainqueur sur la pelouse d'Oyonnax sous la neige. Ce qui n'a pas empêché de voir du jeu et des essais. Six au total. Deux à Oyonnax (Grice et Mensa) et quatre à l'UBB avec un doublé pour Damian Penaud en cinq minutes (39e et 44e). Ajoutez-y ceux de Matthieu Jalibert (18e) mais surtout de Louis Bielle-Biarrey (77e).

Malgré la neige sur la pelouse d'Oyonnax, Matthieu Jalibert fait le show. L'ouvreur inscrit un essai et l'UBB s'impose (23-29).

L'ailier, en filou, profite de la pénalité ratée par Maxime Lucu pour surgir et aplatir. Un essai gag synonyme de première victoire de Bordeaux-Bègles à l'extérieur (23-29) pour enfin regarder vers le haut de tableau (7e).

Toulon enchaîne, le Stade Français éteint l'incendie

Après un début de saison mitigé, Toulon passe la vitesse supérieure. Les Toulonnais enchaînent un quatrième succès. La victime : Pau, premier de la classe avant sa déconvenue à Mayol (36-13). Cerise sur le gâteau : le bonus offensif arraché sur la dernière action de la partie et un essai du capitaine Esteban Abadie (80e+3). Mais l'homme du match n'est autre qu'Enzo Hervé. L'ouvreur montre d'abord la voie en inscrivant les deux premiers essais de la partie (3e et 10e). Face aux perches, le buteur régale aussi avec un total de 21 points sur l'ensemble du match. Toulon grimpe à la 2e place et se retrouve sur les talons du Racing 92, défait à Clermont (23-18). Amorphes pendant 70 minutes, les Ciel et Blanc se réveillent trop tardivement (essais de Kamikamica (71e) et Taofifenua (78e)). Le bonus défensif est une maigre consolation.

Fin de ce second bloc de Top 14 par le « Clasico » dans un stade Jean-Bouin glacial. Pourtant, c'est déjà un peu le feu au Stade Français. Le week-end dernier, après la défaite à Pau (30-6), une dizaine de joueurs sont sortis malgré l'interdiction du staff parisien. Pris par la patrouille, ils ont été sanctionnés. Et notamment Giovanni Habel-Küffner. Le troisième-ligne, en plus de braver l'interdit, a porté un coup au visage d'un membre de la Section Paloise dans un établissement de nuit de la cité béarnaise. Il est sanctionné par son club sportivement et financièrement. Après cette claque et cette escapade extra-sportive, le Stade Français se doit de réagir face au champion en titre. Les Parisiens font la course en tête. L'arrière Léo Barré s'illustre en inscrivant le premier essai de la partie (7e). À la mi-temps, les Parisiens mènent 10-0. Les Toulousains s'obstinent à tout jouer à la main. En début de seconde période, Charles Laloi (20 ans) inscrit son premier essai en Top 14 (49e). 20-0, le match semble plié. Toulouse revient par Matthis Lebel (53e) et Pierre-Louis Barassi (69e) en privilégiant encore et toujours le jeu de passes. Léo Barré scelle définitivement cette rencontre en se jouant de cinq défenseurs après un joli numéro de Rory Kockott pour trouver une faille (72e). Le Stade Français renoue avec le succès (27-12) et s'installe dans le Top 6, son objectif.

Montpellier stoppe enfin l'hémorragie

Quatre mois que les Montpelliérains attendaient ça. Après huit défaites de rang, le MHR retrouve enfin le chemin de la victoire en Top 14. Un succès face à Castres (30-21) acquis notamment par la prestation XXL de Louis Carbonel. L'ouvreur se montre déterminant dans deux des trois essais inscrits par son équipe (Serfontein, Tauleigne, Vincent). Mais il réussit aussi un 100 % face

Entrée gagnante pour Rory Kockott face à Toulouse. Le demi de mêlée du Stade Français trouve la faille et sert Léo Barré qui termine le boulot (27-12).

« Nous, le staff, on est là depuis un mois, mais c'est vrai que ça fait du bien de voir ces sourires dans le vestiaire. »

Patrice Collazo

aux perches (15 points). Cette victoire ne change pas grand-chose au classement. Montpellier reste lanterne rouge. Mais elle fait du bien au moral comme le souligne le manager Patrice Collazo : « Nous, le staff, on est là depuis un mois, mais c'est vrai que ça fait du bien de voir ces sourires dans le vestiaire. » Un joli cadeau de Noël.

Dans le même temps, Perpignan gagne aussi. Une victoire autoritaire face à Bayonne, bonus en prime (36-10). Les Catalans remettent la marche avant au bon moment avec six essais (Lam, Allan, Oviedo, McIntyre, Veredamu, Taumoepeau). Deux autres formations régalent leurs supporters avant le réveillon de Noël : le Racing 92 et l'Union Bordeaux-Bègles. Après une première demi-heure brouillonne, les Franciliens se lâchent enfin, bien aidés par les deux cartons jaunes reçus par Bouraux (31e) et Ruru (39e). Les Ciel et Blanc inscrivent dix essais, dont un triplé pour Nolann Le Garrec, pour une victoire sans appel devant Oyonnax (66-10). À Chaban-Delmas, c'est Lyon la victime du jour de l'UBB. Là aussi, succès sans appel (46-10) facilité par le carton rouge infligé à Romain Taofifenua (40e).

Triplé pour Nolann Le Garrec la veille de Noël face à Oyonnax (66-10). Le Racing 92 est en tête et passe les fêtes au chaud.

Indiscipline

Danty voit rouge

Jonathan Danty, l'ex-Parisien, est capitaine au coup d'envoi en l'absence de Greg Alldritt sur la pelouse du Stade Français. Une première pour le centre international avec le Stade Rochelais. Le conte de Noël va tourner au cauchemar. Dans un mauvais réflexe, à la sortie d'un regroupement, il donne un coup de crampons au visage de son vis-à-vis Jeremy Ward qui lui tient la jambe. Après consultation de la vidéo, l'arbitre Thomas Charabas sort le carton rouge. La Rochelle s'incline 18-13.

Rémy Baget le sauveur. L'ailier bayonnais inscrit l'essai de la gagne devant son vis-à-vis francilien Wame Naituvi (27-23).

Le gros coup de Perpignan

La fin d'année 2023 est marquée par la victoire de l'USAP sur la pelouse de Castres (13-17). Un sacré coup des Catalans pour basculer sur 2024. Dans une rencontre âpre et très disputée, les Sang et Or s'imposent sur la dernière action de la partie. Menés 13-10, les visiteurs forcent leur destin en multipliant les charges au ras. Une bataille au sol à laquelle se mêle l'ailier Tavite Veredamu afin de relever la balle et d'aplatir sous les poteaux après deux minutes d'arrêts de jeu. La délivrance. L'USAP enchaîne un second succès capital dans la course au maintien. Le Castres Olympique tombe, lui, pour la première fois de la saison à Pierre-Fabre.

L'autre perf' de la journée est signée par l'Union Bordeaux-Bègles sur la pelouse de Clermont dans un match fou (35-40). À dix minutes du coup de sifflet final, les Clermontois de Christophe Urios mènent 32-26 après avoir inscrit quatre essais (Simmons, Falgoux, Hériteau, Delguy). L'UBB n'en a inscrit que deux (doublé de Tambwe). Mais en huit minutes, tout bascule. Le pilier Jefferson Poirot sonne la charge (72e) avant que le troisième-ligne Pete Samu (78e) n'assomme définitivement les locaux. Bordeaux-Bègles, à la faveur de cette quatrième victoire de rang, la seconde à l'extérieur (après Oyonnax), grimpe à la 2e place.

Un autre match un peu dingue se tient à Bayonne. Le Racing, solide leader, pense faire tomber Jean-Dauger pour la première fois depuis la remontée du club basque en Top 14. C'est raté ! Le score est de 20-23. Uzair Cassiem dans un dernier rush perce le rideau défensif des

Revenant

Le grand retour d'Alldritt

Grégory Alldritt, en accord avec son club, avait décidé de faire un break après la Coupe du monde et l'élimination en quart de finale face à l'Afrique du Sud (28-29). Le troisième-ligne est censé reprendre la compétition début janvier. Mais au regard de la situation de son club, seulement 9e, il avance son retour sur les terrains d'une semaine pour la réception du Stade Toulousain.

Remplaçant au coup d'envoi, Greg Alldritt entre à la 54e minute de jeu. Son équipe l'emporte 29-8. « Il me faudra encore quelques matches pour me sentir à 100 % », glisse-t-il.

Le double champion d'Europe revient dans la course au Top 6.

Franciliens au centre du terrain. Le jeu rebondit et Camille Lopez, le maestro bayonnais, délivre un petit coup de pied sur l'aile de Rémy Baget. Ce dernier accélère et sème son vis-à-vis Wame Naituvi. Jean-Dauger explose ! L'Aviron Bayonnais reste invaincu.
Une dernière rencontre aurait pu basculer sur la dernière action. Sur la pelouse de Lyon, Montpellier est mené de deux points mais bénéficie d'une dernière cartouche. Mais à vingt-deux mètres face aux perches, l'ouvreur Louis Carbonel manque la cible. Lyon arrache un précieux succès en bas de tableau (20-18).

Coup d'arrêt pour Pau, Perpignan ne s'arrête plus
La Section Paloise peut enchaîner un dixième succès de rang à domicile et conforter son bon début de saison. Malheureusement, les Palois manquent le coche. Ils sont surtout victimes du réveil du Stade Rochelais (20-29). Emmenés par leur capitaine Grégory Alldritt, de retour comme titulaire, les Rochelais décrochent leur première victoire de la saison à l'extérieur. Un homme se distingue particulièrement : Hugo Reus, préféré à Antoine Hastoy. L'ouvreur inscrit 19 points au pied. Le double champion d'Europe revient dans la course au Top 6 et ne compte qu'un point de retard au classement sur son adversaire du jour (6e).
De son côté, Perpignan confirme sa bonne forme actuelle avec une troisième victoire de rang. Oyonnax tombe à Aimé-Giral (27-12). L'USAP grimpe au classement (11e) et quitte la zone rouge en passant même devant son adversaire du jour.
Dans les autres rencontres, les gros bras sont au rendez-vous. Le Racing se bonifie face à Castres et caracole en tête (34-30). Le Stade Toulousain humilie le LOU (45-0). Bordeaux-Bègles arrache, lui, un précieux succès face à Bayonne (24-23) grâce à un essai de son capitaine Maxime Lucu en fin de match (74e). En revanche, le Stade Français fait du surplace avec un match nul face à Clermont (14-14). Mais il s'agit d'un petit miracle puisque l'ailier Dakuwaqa marque sur la dernière action de la partie et que Zack Henry transforme en coin alors qu'il était en échec depuis le début de la partie (2/5 dans l'exercice des tirs au but et un drop raté).

Succès important de Perpignan, bien emmené par Jacobus van Tonder, face à Oyonnax (27-12). Les Catalans s'éloignent du bas de classement.

Le coup de force de Toulouse

Alors que les internationaux ont déjà rejoint Marcoussis pour préparer le Tournoi, le Stade Toulousain, amputé de nombreux joueurs, peut compter sur Antoine Dupont. Le capitaine des Bleus ne dispute pas le Tournoi. La raison ? Il doit bifurquer vers le rugby à 7 en vue des Jeux olympiques de Paris. Sur la pelouse synthétique du Racing 92, le demi de mêlée régale et guide son équipe vers le succès (20-27). L'essai de la victoire est signé Ange Capuozzo (75e).

Deux autres formations réalisent un gros coup à l'extérieur. À commencer par le Stade Français. Sur la pelouse de l'UBB, décimée par l'absence presque complète de sa ligne de trois-quarts (Lucu, Jalibert, Moefana, Depoortere, Bielle-Biarrey et Penaud), les Parisiens en profitent. Pourtant menés 21-3 à la demi-heure de jeu, les Stadistes reviennent dans la partie en trois minutes par deux essais d'Abramishvili (33e) et Ward (36e). Mais le coup de poignard est signé Stéphane Ahmed dans le money time. L'ailier, titulaire surprise, profite d'une longue sautée suicidaire de Ben Tapuai, pour intercepter et filer entre les poteaux (26-30, 75e). Clermont réalise également un gros coup sur la pelouse de Castres. Dans un match très ouvert, où les deux équipes se rendent coup pour coup, les Clermontois arrachent la victoire sur une pénalité d'Anthony Belleau (20-23, 73e).

Mauvaise passe

4

Comme le nombre de défaites successives pour le Castres Olympique en Top 14. C'est même la deuxième de rang à domicile après le revers face à Perpignan (14-17). Les Castrais dégringolent au classement et sortent du Top 6.

Le Stade Français prend la tête

Secoué par des remous en interne, notamment en raison du management de l'entraîneur en chef Karim Ghezal, qui ne passe pas auprès de certains joueurs, le Stade Français enchaîne un second succès de rang à l'extérieur. La victime du jour : Oyonnax (19-23). Ce succès permet aux Parisiens de prendre la tête du Top 14 avant une semaine de trêve. Dans le même temps, le Racing 92 subit la loi de Perpignan dans un non-match. Les Catalans profitent de l'aubaine pour empocher un précieux point de bonus offensif dans la course au maintien à la faveur d'un essai à la dernière minute de jeu signé du talonneur argentin Ignacio Ruiz !

Malgré une équipe remaniée, Toulouse enfonce le Racing 92. Ange Capuozzo scelle le sort de la partie en fin de match (20-27).

Nicolas Depoortere au finish. Dans un match dingue, l'UBB s'impose à Toulon sur un dernier essai de son centre et une relance de 80 mètres.

La grosse performance de la journée est à mettre au crédit de l'Union Bordeaux-Bègles sur la pelouse de Toulon (32-37). Peu avant l'heure de jeu, à la suite de l'essai de l'ailier néo-zélandais Leicester Fainga'anuku (29-20, 57e), les Toulonnais pensent avoir fait le plus dur. Les Bordelais continuent de produire du jeu. L'arrière Romain Buros réduit l'écart (67e) avant que Nicolas Depoortere ne crucifie les locaux sur un essai de 80 mètres (77e).

Feu d'artifice

47 Comme le nombre d'essais inscrits lors de cette 13e journée du Top 14. Soit 6,7 de moyenne par match ! La rencontre la plus prolifique est celle entre le Stade Toulousain et l'Aviron Bayonnais avec onze essais au total dont sept côté Toulousains pour une victoire 46-26.

Antoine Dupont est une fois de plus phénoménal.

Toujours avec Antoine Dupont, avant son départ pour France 7, le Stade Toulousain donne la leçon à Bayonne (46-26). Le demi de mêlée, positionné à l'ouverture pour cette rencontre, est une fois de plus phénoménal. Dans tous les bons coups, il inscrit un des sept essais de son équipe (20e) et régale par ses coups de pied, notamment sur l'essai de Mallia, synonyme de bonus dans le temps additionnel (80e+2) ou encore avec cette chistera lumineuse sur l'essai de Pita Ahki (25e). Du grand art !

Le Castres Olympique stoppe, lui, l'hémorragie en s'imposant sur la pelouse de Pau dans un match à 77 points (33-44), record de la journée ! À l'issue de cette 13e journée, trois équipes occupent la tête du classement avec 41 points : le Stade Français, le Stade Toulousain et Bordeaux-Bègles. Derrière, la bataille pour le Top 6 fait rage jusqu'à la 8e place tenue par le Stade Rochelais à 35 points. Montpellier reste dernier de la classe avec 20 points. Mais rien n'est joué. Bayonne (10e), n'est qu'à 8 longueurs...

Radradra enfin !
La recrue star de l'intersaison enchaîne un troisième match et permet à son équipe de faire le job face à La Rochelle (28-17).

Le Racing en perdition

Champion d'automne, malgré sa défaite à domicile face au Stade Toulousain en clôture de la 13e journée (20-27), le Racing 92 fait du surplace. Les Franciliens enchaînent une troisième défaite de rang, la seconde à domicile, cette fois face à Montpellier, pourtant lanterne rouge avant la rencontre. Un nouveau coup de bambou pour les hommes de Stuart Lancaster, d'autant que le MHR repart même avec le bonus (20-44). Un autre cador, Bordeaux-Bègles, est au tapis. Les Girondins enchaînent eux aussi un second revers à Chaban-Delmas, face à Pau (10-20). Sans ses internationaux, réquisitionnés par l'équipe de France, l'UBB piétine sévère. Même topo pour Toulon défait à Castres (25-17). Ce qui n'est pas le cas du Stade Toulousain. En habitué, le champion en titre gère parfaitement la période des doublons avec une victoire bonifiée devant Oyonnax (61-34) et encore une ribambelle d'essais (9) pour garder la tête du classement en compagnie du Stade Français, vainqueur de Perpignan avec le bonus sans briller (32-19). Enfin, Lyon se donne un peu d'air en venant à bout du Stade Rochelais (28-17). Une rencontre notamment marquée par les retours en forme de Baptiste Couilloud, auteur d'un doublé, et Semi Radradra. La star fidjienne, recrutée pour faire oublier son compatriote Josua Tuisova, a enfin régalé les supporters du LOU et donné la pleine mesure de son talent.

Jeunesse

13 Comme le nombre de joueurs nés après l'année 2000 alignés par le Stade Toulousain en déplacement sur la pelouse de Clermont. Toulouse et sa classe biberon empochent un succès précieux au Michelin (33-37). Un match à dix essais, cinq de chaque côté, joué par les Clermontois à 14 contre 15 pendant presque toute la partie (11e, expulsion de Ojovan pour un mauvais geste sur Placines, blessé au genou sur le coup).

Lyon reprend des couleurs

Dans un match de la peur face à la lanterne rouge Oyonnax, le LOU se lâche en seconde période (15-11 à la mi-temps) après quelques frayeurs. Mais l'indiscipline des visiteurs s'avère fatale. Un premier carton jaune pour le deuxième-ligne Hugo Fabrègue fait basculer la partie (51e). Mais Lyon doit attendre la dernière action pour arracher le bonus offensif après quatre minutes d'arrêts de jeu par Yanis Charcosset à la suite d'un groupé-pénétrant (43-26). Dans la lutte pour

« Le rugby est un sport de combat et aujourd'hui, on a joué à toucher. Les joueurs étaient plus concentrés sur le prix de l'immobilier à l'île de Ré. »

Ronan O'Gara, manager du Stade Rochelais.

le maintien, Oyonnax est le grand perdant du jour. Montpellier s'offre Bayonne (28-23) et confirme son regain de forme. Dans le même temps, Perpignan s'adjuge lui aussi un précieux succès à Aimé-Giral devant le Stade Rochelais (27-15).

Dakuwaqa enflamme le derby

Battu à domicile au match aller, le Stade Français rend la monnaie de sa pièce au Racing 92 (11-27). Dans une rencontre longtemps indécise, Peniasi Dakuwaqa allume l'étincelle décisive. Peu après l'heure de jeu, sur un ballon de récupération, l'ailier se retrouve en possession du ballon dans ses 22 mètres. Après une course de 127 mètres et un petit coup de pied par-dessus alors qu'il est encore dans son camp, il termine 19 secondes plus tard sous les poteaux adverses (64e). Un doublé pour le Fidjien qui scelle le sort de ce match. Le Racing est K.-O. debout. Les Parisiens confortent leur place de leader et enfoncent un peu plus leur voisin francilien dans la crise. Un peu à l'image de l'UBB, toujours perdue sans ses internationaux avec une nouvelle lourde défaite à Castres (41-12). Toulon n'y arrive pas non plus avec un revers à Pau (17-9).

Nouchi enfonce Oyonnax

Aux deux tiers du championnat, difficile d'assurer que la messe est dite. La réception de Montpellier ressemble au match de la dernière chance pour Oyonnax dans la course au maintien. Après un premier quart d'heure accroché, la rencontre bascule à Charles-Mathon. La faute à Lenni Nouchi. Le troisième-ligne, 20 ans, promu capitaine par son manager Patrice Collazo, s'offre un triplé en 16 minutes (16e, 27e, 32e). Le MHR fait la course en tête, mais Oyo ne lâche rien et s'accroche. Les locaux reviennent même à deux points après un essai de Kévin Lebreton (48e, 23-25). Montpellier remet un coup d'accélérateur pour inscrire deux essais coup sur coup par Nicolaas Janse van Rensburg (59e) et Tyler Duguid (63e), synonyme du break et du bonus (23-39). Mais Oyonnax fait preuve de résilience. Loïc Godener marque deux fois (70e et 75e) pour une fin de match à suspense (35-39).

« Bip bip » a encore frappé. L'ailier Peniasi Dakuwaqa a sans doute inscrit le plus bel essai de la saison face au Racing à la suite d'une course de 100 mètres !

Le Racing stoppe l'hémorragie

Après cinq défaites de rang et aucun point inscrit au classement, le Racing 92 renoue enfin avec la victoire en s'imposant face à Toulon (20-6). Une rencontre partie sur les chapeaux de roues avec un essai de Maxime Baudonne en tout début de match (3e). Ensuite, Tristan Tedder ne tremble pas face aux perches (15 points), permettant à son équipe de faire la course en tête. Toulon, pas au mieux non plus, est incapable d'élever son niveau de jeu. La défense Ciel et Blanc fait le job. Avec ce succès, les Racingmen retrouvent le Top 6. « Ça fait du bien, on était dans le dur », souffle Cameron Woki.
Montpellier poursuit sa remontada. Sous des trombes d'eau, les Montpelliérains ne lâchent pas face à l'UBB. Une courte mais précieuse victoire (10-3) synonyme de 12e place. Mais dans le même temps, Perpignan vient finalement à bout du Stade Toulousain (27-17). Tout se dénoue à l'heure de jeu. Alors que les deux équipes se rendent coup pour coup, Tommaso Allan, qui avait décidé quelques semaines plus tôt de mettre sa carrière internationale avec l'Italie entre parenthèses, inscrit l'essai de la gagne (69e). L'Italien ne tremble pas non plus face aux perches. La lutte pour le maintien s'annonce indécise. D'autant qu'Oyonnax, assommé par sa défaite du week-end précédent à la maison face au MHR, prouve que son encéphalogramme n'est pas encore plat. Les hommes de Joe El Abd arrachent un match nul sur la pelouse de Clermont sur la sirène, grâce à une pénalité de Hugo Miotti (15-15).

Le Racing sourit.
Henry Chavancy vient féliciter Maxime Baudonne, auteur du seul essai du Racing 92 face à Toulon (20-6).

Express

14 Comme le nombre de minutes nécessaires à l'Aviron Bayonnais pour inscrire quatre essais, synonyme de victoire bonifiée face au LOU (39-10). Des essais de Rémi Bourdeau (58e), Rémy Baget (63e), Thomas Ceyte (67e) et Cheikh Tiberghien (72e).

Toulon se lâche enfin

La venue de Montpellier a tout du match piège par excellence. Le retour sur la Rade de Bernard Laporte, idole des supporters toulonnais depuis son passage victorieux (3 Coupes d'Europe et 1 Brennus) entre 2011 et 2016. Mais aussi celui de Patrice Collazo, ex-manager du RCT, remercié en 2021 et pas forcément parti dans les meilleurs termes. Le MHR, mal en point, veut faire un coup. C'est raté. Les Montpelliérains explosent en vol. 21-0 à la mi-temps, 33-0 juste à l'heure de jeu et un essai de Sam Simmonds pour stopper l'hémorragie. Score final 54-7 avec huit essais dans les bagages.
L'autre bon coup de la journée est à mettre au crédit du Racing 92. Les Franciliens confirment à Castres (21-23), même si les hommes de Stuart Lancaster se font une belle frayeur en fin de match. Alors qu'ils mènent 20-6 à la mi-temps, ils sont finalement menés 21-20 à la 72e minute après un essai de Jérémy Fernandez. Le Racing paie notamment son indiscipline avec quatre cartons jaunes dans les vingt dernières minutes : Chat (57e), Lacayat (66e), Kolingar (68e) et Naituvi (75e). Ce qui n'empêche pas les Ciel et Blanc de l'emporter grâce à une pénalité de Nolann Le Garrec (77e). Dans la foulée, Cameron Woki est pénalisé, mais le Castrais Pierre Popelin rate la cible... Ce n'est pas l'unique match à se jouer à rien. Perpignan arrache une victoire capitale dans la course au maintien sur la pelouse d'Oyonnax (14-15). Idem pour Bayonne qui conserve son invincibilité à Jean-Dauger devant le Stade Rochelais d'un chouïa (13-12). Clermont grappille également un succès précieux devant Pau (31-28), comme Bordeaux-Bègles devant le Stade Toulousain sur le même score dans un match à neuf essais ! Le Stade Français, enfin, conforte sa place de leader en disposant du LOU (22-13) avec un Léo Barré de gala.

Pau rate le coup à Toulouse

La Section Paloise peut s'en mordre les doigts. Dans une rencontre où les deux équipes se rendent coup pour coup : Chocobares (12e) répond à Gailleton (3e), Attissogbe (36e et 43e) à Mauvaka (18e) et Willis (23e) et enfin Roudil (67e)

« Ça fait du bien, il me tardait de reprendre. À l'échauffement, j'avais le souffle court, mais une fois sur la pelouse, j'ai essayé de gérer au mieux. J'ai pu prendre les duels, aller au contact, j'ai vraiment eu de bonnes sensations. »

Romain Ntamack, de retour à la compétition après quasiment huit mois d'absence à la suite de sa grave blessure au genou.

Presque huit mois après sa grave blessure au genou, Romain Ntamack fait son retour à la compétition face à Pau. Il entre à la 56e minute.

à Meafou (52e), Pau pense avoir fait le plus dur. Les Béarnais mènent 29-26. Mais Matthis Lebel crucifie les visiteurs avant le gong (79e). Toulouse sauve son invincibilité à domicile d'un rien.

Les deux performances de la journée sont à mettre au crédit du Stade Français, victorieux sur la pelouse de Montpellier dans un match très fermé (10-12), et de Toulon, qui confirme en s'imposant largement à Bayonne (10-46). Mais pas à Jean-Dauger : la rencontre était délocalisée au stade Anoeta à San Sebastian (Espagne). C'est la seconde année consécutive que l'Aviron s'incline sur la pelouse de la Real Sociedad. Une très mauvaise affaire dans la course au maintien.

Un Stade Français à réaction

Nous entrons dans le dernier quart de la saison. Dans une rencontre mal engagée face à des Bayonnais hyper réalistes et efficaces, le Stade Français renverse tout sur son passage et s'impose sur la sirène (28-24). Pourtant, à la mi-temps, les locaux sont loin derrière (7-24). Mais 40 minutes plus tard, ils lèvent les bras en signe de victoire. Un retournement de situation conclu par un essai de Giovanni Habel-Küffner au bout du suspense.

En haut de tableau, l'affiche a pour théâtre le stade Vélodrome de Marseille où Toulon accueille Toulouse. Juste avant la mi-temps, le deuxième-ligne du RCT Brian Alainu'uese voit rouge pour un contact à la tête de Mathis Castro-Ferreira (39e). À 14, les Toulonnais tiennent jusqu'au bout (20-19). Une victoire salvatrice, la troisième de rang. Les hommes de Pierre Mignoni s'installent dans le quatuor de tête.

Prolifique

82

C'est le nombre de points inscrits lors de la rencontre entre Pau et Bayonne (42-40). Cinq essais côté Palois, dont un doublé d'Ezeala, et six côté Bayonnais. Une ambiance « Super Rugby » au Hameau !

Triplé pour Penaud face à son ancien club de Clermont pour une victoire autoritaire de Bordeaux-Bègles à Chaban-Delmas (41-7).

Penaud s'offre un triplé
Dans les autres rencontres, la logique est respectée. Bordeaux-Bègles retrouve peu à peu sa folie offensive, celle qui avait fait sa force avant le Tournoi et le départ de ses internationaux. Damian Penaud en profite pour s'offrir un triplé face à son ancien club (43e, 53e, 79e), tout en retenue. L'UBB déroule, Clermont coule (41-7). Pau poursuit son rêve de phase finale en dominant Montpellier (31-23) et le Racing ne flanche pas à Oyonnax (13-43). Une fois de plus, le Stade Rochelais coince et ne parvient pas à enchaîner. Une nouvelle défaite d'un petit point, à Castres cette fois (25-24), qui stoppe de son côté l'hémorragie après cinq revers de rang.

Festival

51

Perpignan offre un récital et s'impose avec la manière face au LOU dans un stade Aimé-Giral en feu (51-20). C'est la première fois de la saison que l'USAP passe la barre des 50 points (7 essais).
Avec ce quatrième succès de suite, les Catalans se donnent de l'air avec le bas du classement. Mieux, ils peuvent rêver à un retour en phase finale. La 6e place n'est qu'à trois unités...

Montpellier s'enfonce
À l'aube de cette 22e journée, les points valent de plus en plus cher. Montpellier en a fortement besoin à domicile. Dans un GGL Stadium plein à craquer, une fois n'est pas coutume, mais plutôt aux couleurs Sang et Or, l'USAP joue un mauvais tour au voisin. Les Catalans grappillent une nouvelle victoire (20-25). Le MHR reste scotché à la 13e place, mais le manager Patrice Collazo se veut rassurant : « J'aurais été inquiet si on avait lâché », glisse-t-il à l'issue de la rencontre.
Dans le même temps, Lyon, comme depuis le début de saison, montre son visage double face : inexistant à l'extérieur, convaincant à la maison. C'est au tour de Pau d'en faire les frais. Le LOU s'offre le plein de points avec un bonus offensif (38-20) dans le sillage d'un Baptiste Couilloud décisif. Le demi de mêlée montre la voie en inscrivant le premier essai, son 13e de la saison, pour rester en tête du classement des meilleurs marqueurs derrière le Bordelais Damian Penaud et le Perpignanais Tavite Veredamu (11). Joli bol d'air frais pour Clermont également. Bien aidé par le carton rouge reçu par le Parisien Tanginoa Halaifonua, l'ASM inflige une correction au leader (41-18). C'est la première fois de la saison que le Stade Français encaisse plus de 40 points

en Top 14. La meilleure défense du championnat n'a pas résisté en infériorité numérique. Alivereti Raka se régale avec un triplé (27e, 42e, 68e).
En haut de tableau, Toulouse et le Stade Rochelais renouent avec la victoire respectivement face au Racing (32-12) et Toulon (27-17). Le RCT rate le coche à Marcel-Deflandre en jouant la victoire plutôt que le match nul en fin de match. À cinq minutes de la fin de la partie, la pénaltouche des Varois dans les 22 mètres adverses se transforme en ballon de turnover. Les Rochelais remontent tout le terrain et Oscar Jegou inscrit l'essai libérateur. Toulon repart bredouille.
À noter la première victoire de l'année 2024 pour Oyonnax en Top 14. La dernière remontait à la 11e journée, fin décembre (34-13 face à Pau). Les Oyonnaxiens profitent surtout de la seconde période catastrophique des Castrais (0-13 à la 35e). Les Tarnais se sabordent seuls à cause de leur indiscipline. Levan Chilachava écope d'un premier carton rouge (49e). Dans la minute qui suit, Louis Lebrun prend un carton jaune. Dix minutes plus tard, nouveau carton rouge pour Santiago Arata. À 13 contre 15 pendant les trente dernières minutes, le CO le paie cash (22-19).

Perpignan enfonce Montpellier dans la lutte pour le maintien dans un GGL Stadium où les supporters de l'USAP sont venus en nombre.

Fin de série

28 Après 28 victoires de rang à Jean-Dauger, l'Union Bordeaux-Bègles a fait tomber l'invincibilité des Bayonnais. La dernière défaite remontait au 21 janvier 2022 alors que le club basque évoluait encore en Pro D2. Entre-temps, il y avait eu deux défaites à « domicile », mais lors des délocalisations au stade Anoeta, face à Pau l'an dernier et Toulon cette saison.

Toute la détermination
du centre italien Federico Mori face au Racing 92. Bayonne décroche son premier succès à l'extérieur.

Bayonne s'exporte enfin !

Les Bayonnais, qui venaient de tomber à domicile après plus de deux ans d'invincibilité, ne tergiversent pas. Bien aidé par le Racing, rapidement à 14 après l'expulsion de Fabien Sanconnie à la suite d'un déblayage à l'épaule sur Vincent Giudicelli, l'Aviron s'offre un succès de prestige à l'extérieur, chez un gros (28-37), qui avait délocalisé la rencontre au stade de l'Abbé-Deschamps d'Auxerre, dans une rencontre animée avec quatre essais de chaque côté. « Le carton rouge est un tournant, mais certainement pas une excuse », peste le manager du Racing Stuart Lancaster une fois la défaite consommée, qui fragilise la qualification pour la phase finale. À l'inverse, Bayonne respire.

Autre victoire significative à l'extérieur, celle de Clermont à Perpignan (28-35). Là encore, un spectacle de qualité, des essais en veux-tu en voilà et un scénario rocambolesque. Alors que l'USAP avait la partie en main (21-6), tout s'est déréglé peu avant l'heure de jeu, la faute à l'indiscipline catalane (carton jaune pour Brazo (57e), Ruiz (72e) et Naqalevu (79e). Score final : 28-35, même le bonus défensif s'envole. L'USAP perd tout après cinq victoires de rang et un rêve de qualification.

Supersonique

27 En secondes, le temps nécessaire à Josua Tuisova pour inscrire son premier essai sous ses nouvelles couleurs du Racing 92. Absent des terrains depuis la Coupe du monde où il s'était blessé gravement au genou, le centre fidjien signe son retour en fanfare.

« Le carton rouge est un tournant, mais certainement pas une excuse. »

Stuart Lancaster, manager du Racing 92

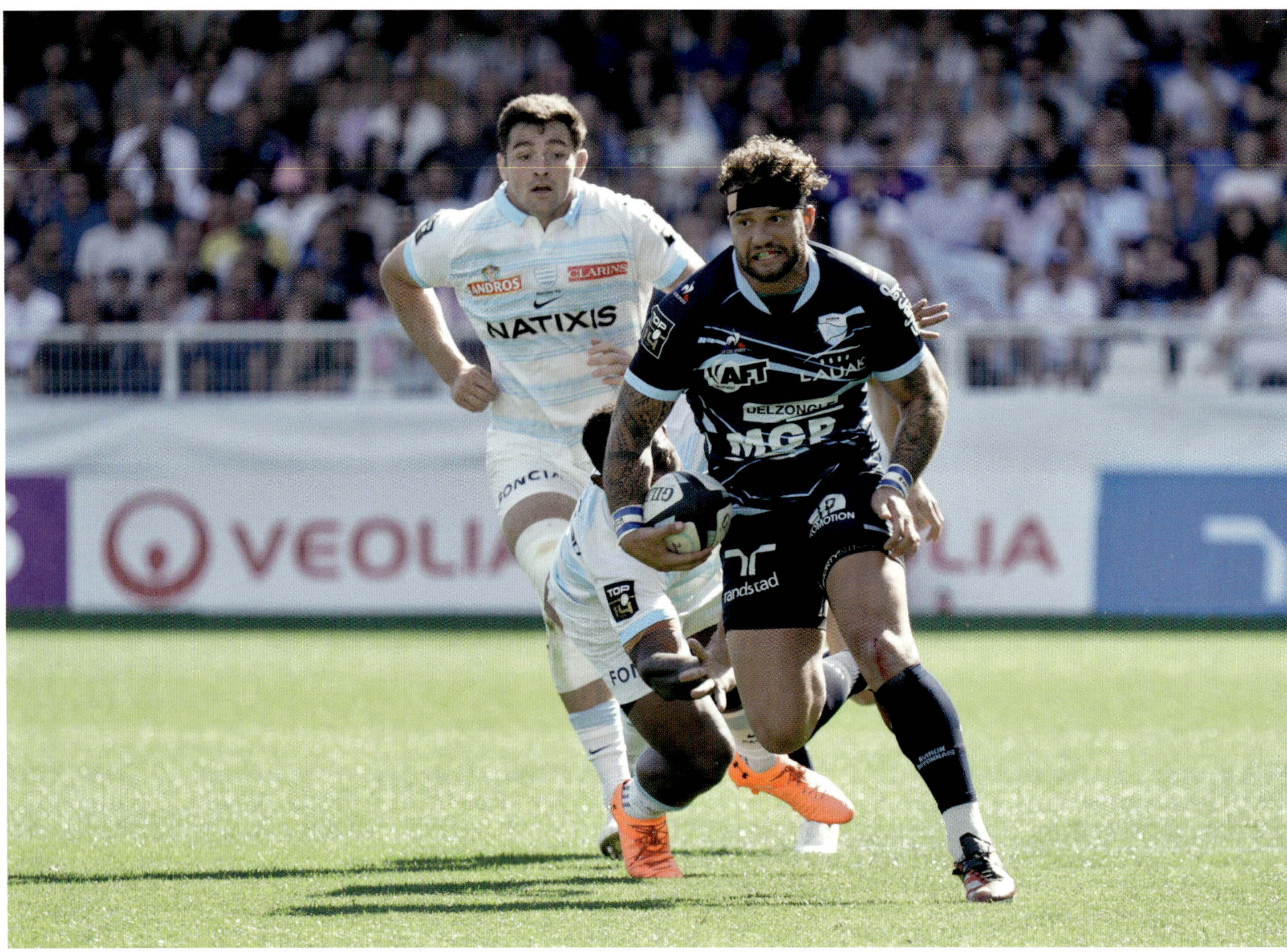

La jeunesse au pouvoir.
Avec plus de la moitié de joueurs issue de sa formation, Toulouse s'impose à Montpellier (22-29).

La jeunesse toulousaine enfonce Montpellier

À une semaine de sa finale européenne face au Leinster, le staff du Stade Toulousain décide d'envoyer une équipe fortement remaniée à Montpellier. La formation toulousaine est mise à l'honneur. En face, le MHR joue pour éviter un barrage. La rencontre part à 100 à l'heure ! L'écart enfle vite : 7-24 pour les protégés d'Ugo Mola. Les Montpelliérains semblent amorphes. Le champion du monde Cobus Reinach remet de l'ordre dans la maison avec un doublé (32e et 40e). Le MHR recolle à la mi-temps (22-26). La seconde période est moins prolifique. Toulouse l'emporte 29-22. Conséquence : le champion de France 2022 devra jouer un barrage pour se maintenir ! Lyon et Bayonne, en battant respectivement le Racing (20-14) et Perpignan (23-20), valident eux leur maintien dans l'élite la saison prochaine. En haut de tableau, en s'imposant à domicile devant Bordeaux-Bègles (22-18), grâce à une défense de fer, le Stade Français fait un grand pas vers la qualification directe en demi-finale. Dans le même temps, Toulon, vainqueur à Oyonnax (17-27) a presque son billet pour la phase finale, cinq ans après sa dernière qualification. Le Stade Rochelais, pas au mieux, s'en sort de justesse face à Pau (25-23). La course à la qualification fait rage.

Régulier

11 Le Stade Toulousain se qualifie pour sa 11e demi-finale consécutive toutes compétitions confondues depuis 2019.

Castres et Perpignan y croient

La principale information de cette 25e et avant-dernière journée est la suivante : le Stade Rochelais, le Racing 92, Castres et Perpignan vont se disputer les deux dernières places qualificatives en barrage. Le Stade Rochelais d'abord, auteur d'un match nul sur la pelouse de Toulouse (31-31) retrouve des couleurs dans l'emballage final. Les Toulousains, avec une équipe remaniée, restent invaincus à domicile grâce à un essai de Tauzin et une transformation de Ramos juste avant la sirène (79e) dans un match à 4 essais pour chaque équipe. Dans le même temps, le Racing 92 ne tremble pas face à Pau (24-15) pour rester en vie et éliminer de la course au

L'USAP y croit.
En s'imposant devant l'UBB (37-30), Jake McIntyre et les Perpignanais croient toujours à la qualification.

Solide comme Habel-Küffner
(ci-contre). Les Parisiens ne tremblent pas face à Toulon (23-20) et se qualifient directement pour les demi-finales.

Top 6 son adversaire du jour. Mais la grosse perf' est à mettre au crédit de l'USAP. Une victoire de prestige face à une équipe de l'UBB fébrile. Après un début de match hésitant (0-10), les Catalans assomment les Bordelais en inscrivant quatre essais en quinze minutes (Ruiz, Ecochard, Oviedo et Crossdale). Le dernier de l'ailier anglais est un bijou. Après un ballon de récupération et un long coup de pied de De la Fuente, Crossdale appuie sur l'accélérateur et dépose son vis-à-vis Damian Penaud ! Un petit extérieur du droit pour pousser encore le ballon et éviter la touche, un dernier coup de rein pour enfin plonger dans l'en-but ! Si Bordeaux réagit en fin de match par Penaud et Samu, c'est trop tard (37-30). Enfin, Castres assure l'essentiel face au Stade Français (27-18) et reste en course. Conséquence directe ? Toulon, large vainqueur de Clermont (52-10) peut encore rafler la deuxième place directement qualificative pour les demi-finales. À noter qu'Oyonnax réussit sa dernière à domicile en Top 14 en disposant de Bayonne (27-20).

Le Racing s'en sort de justesse

La 26e et dernière journée connaît son lot de joie, de rebondissements et de déceptions comme chaque année. Le Stade Rochelais, déjà qualifié et quasi sûr de se déplacer en barrage, veut éliminer le Racing 92. Le contrat semble rempli après trois essais de Dillyn Leyds (5e), Tawera Kerr-Barlow (20e) et Jack Nowell (69e). Les Franciliens, menés 24-12, sont au bord du précipice. Mais les Ciel et Blanc s'en sortent de justesse à la faveur d'un essai de Maxime Baudonne à deux minutes du coup de sifflet final, synonyme de bonus défensif. Un point suffisait aux Racingmen pour garder leur destin en main. Le Castres Olympique, pourtant vainqueur sur la pelouse de Bayonne (17-28), n'a que ses yeux pour pleurer. Du côté de l'USAP, les regrets sont moindres. Après une entame catastrophique à Pau (21-0), les Perpignanais courent après le score toute la partie pour finalement s'incliner (36-24). Un succès qui ne suffit pas à la Section Paloise pour décrocher son billet pour la Coupe d'Europe puisque Clermont balaie Montpellier avec bonus (52-15).

Récompense

17

En inscrivant un nouvel essai face à Toulouse (40-28), le Lyonnais Baptiste Couilloud termine meilleur marqueur du Top 14 avec 17 essais, trois unités devant l'ailier de l'UBB Damian Penaud (14).

« C'est la honte cette prestation. Elle est horrible. Je n'ai pas d'autres mots. Quand je vois les 70 premières minutes, c'est catastrophique. On ne respecte pas nos engagements vis-à-vis du club quand on joue comme ça à l'extérieur. Je pense que beaucoup de joueurs ont triché toute la saison. »

Baptiste Couilloud, capitaine de Lyon, après la défaite à Montpellier (41-26).

Paris en demie, Bordeaux perd Jalibert

Dans le choc entre le Stade Français et Toulon à Jean-Bouin pour une place directe en demi-finale, le club de la capitale fait le job. Notamment grâce à une première mi-temps maîtrisée. Avec deux essais de Lester Etien (6e) et Habel-Küffner (38e), les Stadistes font la course en tête (17-3). Mais le RCT se rebiffe et revient dans le second acte. Les Toulonnais meurent à trois points (23-20), pas aidé par la défaillance de Jaminet face aux perches (deux échecs).

Enfin, Bordeaux-Bègles assure l'essentiel face à Oyonnax (40-7) pour valider son barrage à domicile, mais perd son ouvreur Matthieu Jalibert à la suite d'un mauvais concours de circonstances. Louis Bielle-Biarrey se blesse à l'échauffement. L'ouvreur Mateo Garcia glisse en 15, ce qui oblige Matthieu Jalibert, remplaçant, à attaquer. Il joue 75 minutes avant de sortir en grimaçant, touché à la cuisse.

Toulon en rade

Pour son retour en phase finale après six ans d'absence, le Rugby Club Toulonnais est passé à côté de son barrage face au Stade Rochelais dans son antre de Mayol.

Serin frustré. Le demi de mêlée du RCT ne peut rien faire face à la puissance des Rochelais.

Le score ne reflète pas vraiment le sort de cette partie. Cinq points d'écart, ça paraît peu, mais l'écart entre les deux formations sur ce barrage est énorme. Dans la chaude ambiance du stade Mayol, plein à craquer de supporters Rouge et Noir « gaga » de retrouver ce parfum de phase finale, les Rochelais ne mettent pas longtemps à diffuser un gros coup de clim ! Ils dégainent les premiers par l'ouvreur Antoine Hastoy (9e). L'ailier Dillyn Leyds double la mise à la demi-heure de jeu sur un essai presque gag. UJ Seuteni trouve un 50-22. Les Rochelais jouent rapidement et Hastoy peut servir tranquillement Leyds sous les yeux d'un Melvyn Jaminet trop attentiste. Heureusement, ce dernier assure son rôle de buteur à merveille et garde le RCT en vie. Il passe cinq pénalités, dont une de 55 mètres (15-17, 34e). Mais les Toulonnais prennent un premier coup de poignard

« Ce qui nous a manqué essentiellement, c'est notre point fort habituel, le jeu au sol. On a été complètement dominés. Il n'y a pas de match par rapport à ça. On n'a pas pu scorer, on n'a pas été efficace, La Rochelle mérite sa victoire. »

Pierre Mignoni, manager de Toulon

juste avant la mi-temps. Le centre Jules Favre trouve une nouvelle fois la faille dans la défense adverse. Le break est fait (15-24) pour des Rochelais efficaces au bon moment.

Jegou omniprésent

La Rochelle ne tarde pas à crucifier définitivement le RCT. Après une pénalité d'Hastoy (44e), le troisième-ligne Oscar Jegou se montre opportuniste. Omniprésent dans le jeu, il est à la réception d'une tentative de pénalité qui heurte le poteau. Il inscrit le 4e essai de son équipe (15-34, 46e). Les Toulonnais, qui surfent pourtant sur une fin de saison linéaire, sont K.-O. debout. Toulon est impuissant. Les deux cartons jaunes récoltés par Will Skelton (65e) et Judicaël Cancoriet (71e) permettent de rééquilibrer les débats en fin de match. Les Toulonnais inscrivent deux essais (de pénalité (71e) et Singleton (80e)). Mais le mal est fait (29-34) : Toulon prend une bonne claque !

Malgré 15 points au pied, Melvyn Jaminet et les Toulonnais passent à la trappe (29-34).

Le Rochelais Oscar Jegou *(ci-dessus, ballon en main)*, bien aidé par Greg Alldritt, a fait mal à la défense des Toulonnais.

Le Racing n'y arrive pas

Qualifié de justesse en phase finale, le Racing 92 ne fait pas le poids face à l'UBB. Une défaite à l'image d'une saison moyenne.

Madosh Tambwe intenable.
En l'absence de Louis Bielle-Biarrey, l'ailier joue le rôle du facteur X pour éliminer le Racing.

La rencontre bascule sans doute peu après la demi-heure de jeu. Si les Bordelais semblent bien en place et plus entreprenants, à l'image de Madosh Tambwe, auteur du premier essai (19e), malgré l'absence de leur maître à jouer Matthieu Jalibert, blessé aux ischio-jambiers, les Racingmen restent dans le coup grâce à la botte de Tristan Tedder (14-9, 30e). Ils sont même tout près de braquer la banque. Alors que l'UBB vient de perdre sur blessure (épaule) son surpuissant pilier Ben Tameifuna, les visiteurs déclenchent un mouvement magnifique conclu par l'ailier Vinaya Habosi, impossible à arrêter une fois lancé, malgré les plaquages de trois défenseurs bordelais. Mais l'arbitre de la rencontre, M. Charabas, fait appel à la vidéo. La passe vissée d'Antoine Gibert est légèrement en-avant... Pas d'essai ! Même si Tedder réussit une nouvelle pénalité (14-12, 36e), le Racing laisse passer son momentum. Dans la foulée, Cameron Woki écope d'un carton jaune pour un maul écroulé (39e). Sanction immédiate avec un essai en force de Maxime Lamothe sur un groupé-pénétrant dévastateur. À la pause, Bordeaux-Bègles mène 21-12.

> **« Cette saison, j'ai beaucoup appris. Lors de ma première saison au Leinster, on n'avait rien gagné. L'année d'après, on avait fait le doublé. Ça prend du temps de bâtir le succès. »**
>
> **Stuart Lancaster, manager du Racing 92**

Le Racing trop indiscipliné

La pause fraîcheur n'y change rien. Le Racing n'est pas dans le coup. Les Franciliens multiplient les imprécisions, mais surtout les fautes. Une indiscipline qui coûte cher (11 fautes au total). Maxime Lucu en profite (46e) avant que Romain Buros ne scelle définitivement le sort de cette partie. À la suite d'un mauvais jeu au pied de Gaël Fickou, l'arrière punit les Ciel et Blanc (31-17, 52e). Plus rien ne sera marqué d'ici le coup de sifflet final. Le Racing impuissant, mis à part en mêlée fermée sur la fin de match, termine sa saison sans panache. Une défaite à l'image de sa saison : très imprécise.

Perpignan en habitué

Le MHR sauve sa peau en Top 14 à quatre minutes de la fin grâce à une pénalité de Louis Carbonel face à une équipe de Grenoble courageuse et joueuse. La fin d'un long calvaire.

Dans le match de la peur, Louis Carbonel assure. Le buteur passe la pénalité de la gagne en fin de match (18-20).

Montpellier jouera bien en Top 14 la saison prochaine. C'est un grand ouf de soulagement poussé par tout un club. L'accident industriel n'était pourtant pas loin. Dans ce match de la peur, dans un stade des Alpes plein, acquis à la cause des Grenoblois, les Montpelliérains attaquent ce match d'access tambour battant ! Dès la 6e minute, l'ailier Ben Lam, longtemps au frigo, ouvre le score sur un ballon de récupération. Très vite, son alter ego sur l'autre aile, Gabriel N'Gandebe double la mise (3-14, 13e). Le MHR est d'une efficacité redoutable. Mais les Grenoblois n'abdiquent pas déjà, loin de là. Même après l'essai refusé au centre Terrence Hepetema pour un en-avant au moment d'aplatir (16e). Plus entreprenant, le FCG refait son retard. D'abord par la botte de Sam Davies (19e) puis un essai de Barnabé Massa (13-14, 29e). Les hommes de Patrice Collazo se crispent. Les locaux insistent. Terrence Hepetema est cette fois récompensé juste avant la mi-temps (18-14, 39e). Grenoble est devant et c'est mérité.

Louis Carbonel en sauveur

La seconde période repart sur les chapeaux de roues. Les Grenoblois contrôlent le ballon, mais ne scorent pas. Le MHR plie mais ne rompt pas... Sam Davies laisse aussi échapper quelques points au pied (11 au total), ce qui aura une incidence à la fin. Les pertes de balle sont nombreuses, le suspense et la tension s'accentuent. Peu après l'heure de jeu, sur pénalité, Louis Carbonel ramène les siens à un petit point (18-17, 62e). La fin de match approche. Les Grenoblois multiplient les fautes. Le point de rupture n'est pas loin. Le travail de sape finit par payer pour le MHR. Louis Carbonel a la pénalité de la gagne au bout du pied. Le buteur est dans les 22 mètres, légèrement à gauche. Une formalité. Montpellier repasse devant (18-20). Trois minutes à tenir avant la délivrance. Montpellier se maintient en Top 14. Grenoble est maudit. Pour la deuxième année consécutive, le FCG s'incline en finale de Pro D2 puis en match d'access. Un triste doublé.

Le Stade Rochelais voit rouge

Le Stade Rochelais se saborde tout seul. Après une première mi-temps réussie, deux cartons rouges changent le cours de cette demi-finale et propulsent une nouvelle fois Toulouse en finale.

« Quand tu prends deux rouges, tu rentres chez toi. C'est comme ça. » Une phrase signée Ronan O'Gara, le manager du Stade Rochelais, la défaite en demi-finale consommée. Les Rochelais vont sans doute nourrir quelques regrets de cette élimination aux portes de la finale. Si le Stade Toulousain, champion d'Europe trois semaines plus tôt, est favori à sa propre succession en Top 14, les Rochelais entament cette demi-finale par le bon bout.

Blessure

Coup dur pour Baille

À la 49e minute de jeu, Cyril Baille se prend la tête dans les mains. Le staff médical du Stade Toulousain accourt. Rapidement, on comprend que la blessure à la jambe gauche est sérieuse.
Le verdict tombe dans la soirée : rupture des ligaments de la cheville et fracture du péroné. Opéré dès le lendemain à Toulouse, le pilier gauche sera éloigné des terrains de longs mois.

À la suite d'un plaquage haut, le pilier rochelais Uini Atonio écope d'un carton rouge.

Antoine Dupont *(ci-contre)*, très remuant, guide son équipe vers une nouvelle finale face au Stade Rochelais de Reda Wardi.

La puissance de leur pack fait du grabuge rapidement avec un premier essai du talonneur Tolu Latu sur un ballon porté imparable (11e). Mais les Rochelais paient déjà cher une faute de Jack Nowell près de l'en-but. L'ailier écope d'un carton jaune. Sanction immédiate. À 14, les Maritimes encaissent deux essais. Le premier à la suite de la pénalité joué à la main par Peato Mauvaka et conclue par Blair Kinghorn sur une magnifique passe sautée d'Antoine Dupont (22e). Neuf minutes plus tard, rebelote. Le demi de mêlée allonge une nouvelle passe sautée. Cette fois à destination de son autre ailier, Juan Cruz Mallia (31e). 12-0 en dix minutes, les Toulousains sont de nouveau dans le coup, même si les Rochelais reprennent les devants avant la pause par leur capitaine Greg Alldritt en force (38e, 15-20).

Invincibles

6

C'est la sixième fois que le Stade Toulousain bat le Stade Rochelais en phase finale. La première fois, c'était en demi-finale du Top 14 en 2019 (20-6), suivi des défaites en finale de Top 14 (18-8) et de Coupe d'Europe en 2021 (22-17). Puis en barrage du Top 14 en 2022 (33-28) et enfin en finale du Top 14 l'an dernier (29-26).

Atonio et Wardi exclus

La seconde période bascule rapidement. Trois minutes après le retour des vestiaires, Uini Atonio est coupable d'un plaquage épaule contre tête sur Thibaud Flament. Après visionnage de la vidéo, la sanction tombe pour le pilier de l'équipe de France : carton rouge ! Comme lors du premier acte, les Toulousains ne tardent pas à en profiter. Juan Cruz Mallia s'offre un doublé sur une nouvelle passe décisive d'Antoine Dupont, la troisième. Toulouse passe devant (48e, 22-20). Mais le Stade Rochelais reste dans le match malgré son infériorité numérique. Le match bascule finalement quatre minutes plus tard. Le centre Santiago Chocobares contre un dégagement de l'arrière Brice Dulin, profite du rebond favorable et file entre les poteaux (52e). Toulouse fait le break (29-20). À l'heure de jeu, le carton rouge infligé à Reda Wardi pour un coup de tête au visage de Julien Marchand scelle définitivement le sort de cette demi-finale (62e). Trois minutes après son entrée en jeu, sur la sirène, Matthis Lebel s'offre un essai, son seizième de la saison. Toulouse défendra son titre et visera le doublé.

Bordeaux au forceps

L'Union Bordeaux-Bègles s'offre une première finale de Top 14 au terme d'un match fermé. Une histoire de mauls et une transformation ratée après la sirène résument cette seconde demi-finale.

La pluie est au rendez-vous au Matmut Atlantique de Bordeaux. Et même si l'Union Bordeaux-Bègles joue quasi à domicile, l'inquiétude est de mise face à des Parisiens qui comptent sur la solidité de leur pack et leur défense à toute épreuve. On ne s'attend pas à une orgie de rugby. Après dix minutes d'observation et

« On est fiers malgré quasiment tout contre nous. »

Laurent Labit

quelques échanges de coups de pied, la rencontre s'emballe. L'UBB décide d'aller en pénaltouche plutôt que de prendre les points. Un choix judicieux. À cinq mètres de la ligne parisienne, après un maul d'école, le pack girondin enfonce son homologue parisien. Maxime Lamothe aplatit, rageur (17e). Les hommes de Yannick Bru prennent les commandes du match. Quatre minutes plus tard, on prend les mêmes et on recommence ! Nouvelle touche, nouveau groupé pénétrant et nouvelle démonstration de force conclue à nouveau par le talonneur Maxime Lamothe (21e). L'UBB fait le break (3-17). Mais les Parisiens, amorphes, vont réagir. Comme souvent cette saison, ils plient, mais ne rompent pas. Ils reviennent d'abord par Romain Briatte après un maul et une séquence de pick and go devant la ligne (31e). À la mi-temps, le Stade Français reste dans le match (10-17).

La détresse du buteur parisien Joris Segonds *(ci-dessus)* qui vient de manquer l'ultime transformation, synonyme de défaite.

Grosse entame de match des Bordelais avec deux essais du talonneur Maxime Lamothe sur ballon porté.

Segonds malheureux touche trois fois le poteau !

Dès l'entame de la seconde période, les hommes de Laurent Labit décident de prendre le jeu à leur compte. L'ouvreur Joris Segonds tente un drop pour réduire rapidement le score (42e). Mais sa tentative trouve le poteau ! Le Stade Français se fait de plus en plus menaçant. Sur un mauvais renvoi au pied du demi de mêlée bordelais Maxime Lucu, son vis-à-vis Rory Kockott tente une percée en force. Ballon perdu. Le contre de 80 mètres est fulgurant avec à la conclusion le troisième-ligne Pierre Bochaton (56e). Nouveau break (10-22). Mais le Stade Français ne meurt jamais ! Comme souvent, le pack parisien maintient son équipe en vie. D'abord en mêlée (4 pénalités gagnées) puis sur ballons portés. Les Stadistes rendent la monnaie de la pièce aux Bordelais. Le talonneur Lucas Peyresblanques est à la conclusion de deux mauls destructeurs. D'abord à la 62e. Malheureusement, la transformation de Joris Segonds touche encore le poteau (15-22). Peyresblanques récidive dans les arrêts de jeu (80e+5). En coin, Joris Segonds a la transformation de la prolongation au bout du pied. L'ouvreur s'élance sous les sifflets d'un stade à la cause de l'UBB. Le ballon flirte une nouvelle fois avec le poteau, mais ne passe pas entre les perches ! L'Union Bordeaux-Bègles est en finale !

Polémique

Labit râle contre l'arbitrage

Laurent Labit, le directeur sportif du Stade Français, ne cache pas sa déception en conférence d'après-match. « Il y a beaucoup d'éléments contre nous », lâche-t-il d'abord en visant notamment l'arbitrage. Il évoque notamment la dernière action du match sur laquelle l'arbitre, Pierre Brousset, aurait dû accorder, selon lui, un essai de pénalité. Et donc permis à son club d'égaliser et de jouer les prolongations. Les Parisiens pensent également que sur l'action de l'essai de Bochaton, la dernière passe est vers l'avant. Ils ne comprennent pas pourquoi l'arbitre n'a pas demandé de vérifier l'action à la vidéo. « On est fiers malgré quasiment tout contre nous », conclut Labit.

Toulouse trop fort

Premier de la phase régulière, le Stade Toulousain décroche un nouveau bouclier de Brennus en humiliant l'UBB.

Vite, trop vite, voilà comment résumer cette finale entre l'habitué Stade Toulousain et le novice Union Bordeaux-Bègles. Les Toulousains, favoris après avoir survolé la phase régulière, attaquent cette finale fort, très fort, trop fort. Par l'intermédiaire d'Antoine Dupont notamment. Pourtant, le demi de mêlée ne gardait pas que des bons souvenirs de l'antre de l'Olympique de Marseille où il avait été exclu face à l'Afrique du Sud un soir de novembre 2022 avant de subir une fracture du maxillo-zygomatique presque un an plus tard lors de la Coupe du monde 2023 face à la Namibie. Le meilleur joueur du monde conjure cette fois le sort. Dès la sixième minute, Antoine Dupont met son équipe sur la voie du succès. Un premier ballon rendu par un mauvais coup de pied de l'ouvreur bordelais Matthieu Jalibert ? Conséquence : la machine toulousaine se met en marche et inscrit son premier essai

quatre-vingts mètres plus loin. Il s'agit d'ailleurs du premier essai inscrit par Antoine Dupont dans une finale sous les couleurs du Stade Toulousain. Pour ne rien arranger aux affaires de l'UBB, l'arbitre Ludovic Cayre demande l'assistance vidéo. Le surpuissant troisième-ligne Tevita Tatafu est coupable d'un plaquage haut sur Santiago Chocobares. Le Japonais écope d'un carton jaune.

« Pendant près de vingt-cinq ans, Guy Novès (ex-manager entre 1993 à 2015, 9 Brennus, 4 Coupes d'Europe) a disposé de la crème de la crème des joueurs. J'ai la chance d'avoir la suite de la crème de la crème. »

Ugo Mola, manager du Stade Toulousain

Le chef-d'œuvre de Dupont

Les Toulousains, malgré l'absence de leur colossal deuxième-ligne Emmanuel Meafou, décident néanmoins d'utiliser l'arme du maul. Bien drivés par leur talonneur Peato Mauvaka, les avants rouges et noirs avancent à chaque mouvement enclenché. Les Bordelais sont à la peine. Peato Mauvaka en profite. Le talonneur marque en bout de ligne (15-3, 20e). L'entame de match, si capitale en finale, est à l'avantage des champions en titre. Trois minutes plus tard, le match bascule. Les Toulousains sont souvent très inspirés pour sortir une combinaison dont ils ont le secret les soirs de grands matches. Bingo ! Sur un lancement en touche bien capté par Thibaud Flament, Rodrigue Neti derrière un maul sert Peato Mauvaka qui remise intérieur, à l'aveugle, pour Juan Cruz Mallia. L'ailier sert aussitôt Antoine Dupont. Le demi de mêlée accélère, tape par-dessus son vis-à-vis Maxime Lucu, profite du rebond favorable et plonge dans l'en-but. Chef-d'œuvre ! Le break est fait (22-3, 23e). La soirée va être longue.

Toulouse 22 | 59-3 | 3 Bordeaux-Bègles

Arbitre : Cayre. Orange Vélodrome. 66 760 spectateurs.

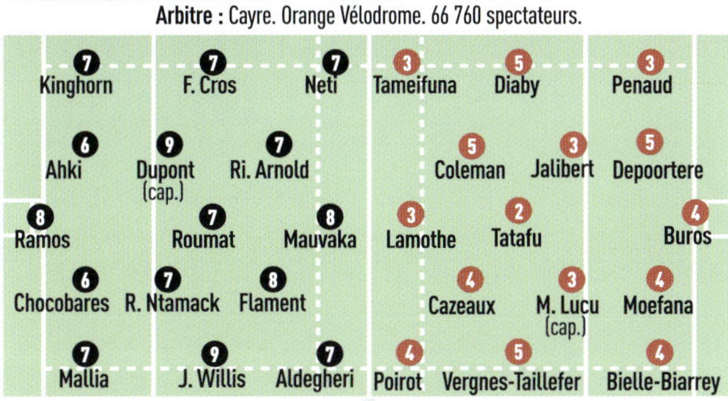

Toulouse

Réalisations : 9 E, Dupont (6e, 23e), Mauvaka (20e), Ramos (64e, 74e), J. Marchand (68e), Kinghorn (70e), Ainu'u (79e), Capuozzo (80e+2) ; 2 B, Ramos (14e, 44e) ; 4 T, Ramos (6e, 23e), Kinghorn (70e), R. Ntamack (79e).
Remplacements.– 54e : Neti par Ainu'u, Mauvaka par J. Marchand, Aldegheri par Merkler ; 61e : Ri. Arnold par J. Brennan ; 66e : Ahki par Costes, Roumat par Vergé ; 68e : Mallia par Capuozzo ; 70e : Dupont par Graou ; 76e : Chocobares par Ahki ; 77e : J. Willis par Mauvaka.
Cartons : Aucun.
Entraîneur : Mola.

Bordeaux-Bègles

Réalisations : 1 B, M. Lucu (11e).
Remplacements.– 46e : Diaby par Bochaton, Poirot par Boniface ; 47e : Tameifuna par Taufa ; 50e : Bielle-Biarrey par Uberti ; 55e : Cazeaux par Douglas, Jalibert par P. Abadie ; 59e : Lamothe par Maynadier, Vergnes Taillefer par Samu ; 66e : Coleman par Cazeaux.
Carton.– 1 jaune : Tatafu (7e).
Entraîneur : Bru.

Le Stade Toulousain triomphe pour la première finale de l'Histoire au stade Vélodrome de Marseille.

56 points d'écart, un record !

Le début de seconde période est toujours à l'avantage du Stade Toulousain, même si les Bordelais tentent, en vain, de percer le verrou adverse. Mais leurs initiatives sont souvent gâchées par des fautes au sol ou des pertes de balles. Émoussés, les Girondins sont impuissants malgré plusieurs changements avant l'heure de jeu. Finalement, les vingt dernières minutes tournent au cauchemar. Le Stade Toulousain inscrit six essais ! Un doublé de Thomas Ramos (64e, 74e), puis Julien Marchand (68e), Blair Kinghorn (70e), David Ainu'u (79e) et Ange Capuozzo (80e+2).
Ce dernier essai marqué après la sirène symbolise la supériorité des Toulousains. Un essai de cent mètres ! Une relance depuis leur en-but alors que la rencontre est terminée. Animés par le jeu, les hommes d'Ugo Mola ne semblent jamais vouloir s'arrêter de jouer. Ce neuvième essai crucifie un peu plus les Bordelais. Score final 59-3 ! Record de points en finale, record d'écart (+56) et 23e titre de champion de France, là encore un record !

Recordman

1792 Avec 20 points marqués en finale face à Bordeaux, Thomas Ramos totalise 1792 points sous les couleurs du Stade Toulousain. Il devient le meilleur marqueur de l'histoire du club devant Jean-Baptiste Elissalde.

Bordeaux-Bègles rincé

Les Bordelais, sans jus, impuissants, sont passés à côté de leur finale. La première saison de Yannick Bru à la tête de l'équipe est réussie mais il y a encore du boulot.

Sous les poteaux, alors que l'Union Bordeaux-Bègles vient d'encaisser le troisième essai d'Antoine Dupont (23e), Nicolas Depoortere prend la parole. Le centre ne prend pas de pincette : « On se fait humilier ». Et pourtant, le score n'est que de 22-3. Le score final, encore plus lourd (59-3), devra être digéré par les Girondins. Mais leur saison ne doit pas s'arrêter à cette déroute. Au contraire. Cette qualification pour la finale, une première après trois échecs successifs en demi-finale (2021, 2022 et 2023) prouve que le club du président Laurent Marti progresse. La première saison du nouveau manager Yannick Bru à la tête de l'équipe reste une réussite malgré cette désillusion finale. Pendant presque toute la saison, les Bordelais proposent un jeu enjoué, qui n'a

« Notre manque de fraîcheur a été criant. C'est compliqué de rivaliser avec une Formule 1. »

Yannick Bru

rien à envier à celui des Toulousains. Au cœur de l'hiver, l'UBB est même irrésistible et enfile les victoires (huit de rang), mais aussi les essais avec une ligne de trois-quarts 100 % française, surnommée la « patrouille de France » avec une charnière Lucu-Jalibert, une paire de centres Moefana-Depoortere, des ailiers Bielle-Biarrey et Penaud et un arrière Buros. Mais la machine prend un coup de froid fin janvier au moment du Tournoi où les internationaux sont réquisitionnés. L'UBB, second pourvoyeur des Bleus, en paie le prix. Il faudra cravacher pour se qualifier. La place directement qualificative en demi-finale leur échappe. On connaît la suite. « Notre manque de fraîcheur a été criant souligne un Yannick Bru réaliste. C'est compliqué de rivaliser avec une Formule 1. La leçon, c'est que pour battre le Stade Toulousain en finale, il faut se qualifier directement en demies. » Ce sera l'objectif l'an prochain.

La phrase

« Il n'y a pas eu de match. Cela mesure toute la différence entre leur club et le nôtre. On a été timorés. On a manqué de tous les ingrédients nécessaires. On ne peut que s'asseoir devant eux et dire que ce qu'ils font est remarquable. »
Maxime Lucu

Les paris Jalibert et Tameifuna ratés

Bordeaux-Bègles n'est pas non plus épargné par les pépins physiques dans l'emballage final. L'ouvreur Matthieu Jalibert, touché à l'ischio lors de la dernière journée de la phase régulière face à Oyonnax, annonce même sa fin de saison. Une semaine plus tard en barrage, le pilier Ben Tameifuma se luxe l'épaule face au Racing. Absents en demi-finale, les deux joueurs, si importants dans le dispositif bordelais, sont finalement titulaires à Marseille. Un pari risqué... Et perdant. Pas de surprise, l'ouvreur et le pilier droit sont diminués et ne pèsent pas sur le jeu de leur équipe. « Tout le staff était au courant que je ne pouvais pas être à 100 % souffle Matthieu Jalibert au coup de sifflet final. Je ne pouvais quasiment pas accélérer. Mais je n'ai pas envie de me plaindre. On ne peut pas être déçus tellement on a été pris dans tous les secteurs de jeu. » Une leçon pour y revenir et cette fois gagner ?

Décisif

18 Comme le nombre d'essais inscrits par Damian Penaud pour sa première saison sous le maillot de Bordeaux-Bègles en 20 matches. L'ailier a marqué 14 essais en Top 14 et 4 en Coupe d'Europe. Son ratio est d'un essai toutes les 69 minutes puisqu'il a joué 1 373 minutes cumulées avec l'UBB cette saison. Une première saison réussie pour la recrue phare de l'intersaison, même s'il n'a pas marqué en phase finale.

Même avec le ballon, les Bordelais n'ont rien pu faire face à la férocité de la défense du Stade Toulousain, à l'image de Pita Ahki.

Toute la détresse des joueurs de l'Union Bordeaux-Bègles *(ci-contre)* après la claque reçue en finale du Top 14 face à Toulouse (59-3).

Pro D2

Vannes première.
Le club breton jouera en Top 14 l'an prochain.

Aix en costaud, Rouen relégué

Si Provence Rugby et Vannes font la course en tête, derrière, la bataille est rude pour la qualification en phase finale. En bas de classement, Rouen descend avec les honneurs. Montauban s'en sort de justesse.

La lutte ne cesse jamais en Pro D2. Pas de répit durant les trente journées de la phase régulière. Le suspense est au rendez-vous comme chaque année. Pour les deux premières places directement qualificatives pour les demi-finales, Aix-en-Provence (95 points) et Vannes (89) décrochent leur billet respectif sans trop trembler, même si Béziers (80) tient la dragée haute aux deux formations. Pour les places qualificatives (de la 3e à la 6e place), les candidats sont plus nombreux. Tout se joue d'ailleurs lors de l'ultime journée. Dax, le promu, fait sensation en terminant 5e. À l'inverse, déception pour Nevers (7e, 75 points) et Mont-de-Marsan (8e, 74e), deux habitués, coiffés sur le poteau par Brive (6e, 76 points).

Montauban se sauve de justesse

Le feuilleton de Pro D2 s'illustre aussi par deux feuilletons « extra-sportifs ». D'abord du côté de Grenoble. Le club isérois perd six points à l'été 2023, puis six nouveaux points en cours de saison pour raisons budgétaire et réglementaire. Le FCG récupère quatre points en appel. Malgré ce déficit de huit points, à la faveur d'une superbe seconde partie de saison (10 victoires, 2 défaites lors des 12 derniers matches), les Grenoblois s'offrent une 4e place synonyme de barrage à domicile (79 points).
Enfin, en bas de tableau, malgré une résistance jusqu'au bout, Rouen retourne à l'étage inférieur. Tandis que Montauban doit passer par un barrage face à Narbonne, finaliste malheureux du Nationale face à Nice (39-30), promu en Pro D2. Les Montalbanais s'en sortent de justesse et l'emportent 20-19 sur la pelouse des Audois. Ils sauvent leur place en Pro D2.

Aix plane. Provence Rugby termine loin devant en tête du classement.

Dax remis à sa place, Brive trop court

Dax, le surprenant promu, ne fait pas le poids face à Grenoble. Dans l'autre barrage, Brive, qualifié in extremis, s'incline en fin de match et ne retrouvera donc pas l'élite.

L'ailier Nathan Farissier
et les Grenoblois trop forts pour Dax !

Grenoble, fort d'une fin de saison en mode rouleau compresseur, poursuit sa dynamique. Dax, promu et invité surprise de la phase finale, se fait gentiment remettre en place. Tout va très vite, trop vite même. Les Grenoblois attaquent tambour battant ce barrage. Après moins de trente minutes de jeu, ils mènent déjà 27-0 (dont trois essais de Blanc-Mappaz, Trouilloud et Farissier). Les Dacquois stoppent l'hémorragie par Naseara (32e). Mais le FCG remet rapidement le couvert par Cros avant la mi-temps (36e). Ils passent à nouveau quatre fois la ligne en seconde période (Sarragallet, Fusier, Couilloud, Clément). Le score est lourd : 58-10. La logique est respectée. La saison de Dax est de toute façon réussie.

Brive pas loin du coup parfait

L'autre barrage s'annonce plus ouvert. C'est le cas. Dans un stade de la Méditerranée en feu, Brive prend pourtant le match par le bon bout. Les hommes de Pierre-Henry Broncan, venu à la rescousse en cours de saison, à la suite de l'éviction de Patrice Collazo, sont devant à la pause notamment grâce à un essai de Bonneval (13-16). Les deux formations se rendent coup pour coup. Les Biterrois profitent de leur supériorité numérique (carton jaune pour Krone, 37e) afin de reprendre les devants sur un essai de Plazy (43e). Mais Brive s'accroche. L'ASBH se retrouve à son tour à 14 (carton jaune pour Zabala, 65e). Les Coujoux font le job par leur buteur Raffy et comptent cinq points d'avance à dix minutes de la fin. Mais les locaux s'arrachent. Nkinsi inscrit l'essai de la gagne (76e). Brive tombe avec les honneurs.

Aix tombe de haut

Pourtant premier de la phase régulière, Provence Rugby s'incline à domicile en demi-finale face à Grenoble. Béziers trébuche de son côté à Vannes.

Les Vannetais laissent éclater leur joie dans un stade de la Rabine en fusion.

L'ouvreur grenoblois Sam Davies *(ci-contre)*, 18 points au total, crucifie Aix avec notamment un drop.

Depuis sa montée en 2018, le club d'Aix-en-Provence court après la phase finale même si le président Denis Philipon n'est pas du genre à vouloir griller les étapes. Après une saison menée de main de maître et terminée avec une avance confortable en tête de classement, les Aixois semblent rouler sur la voie royale pour rallier Toulouse, lieu de la finale de Pro D2. Patatras ! Pourtant invaincus depuis le début de saison sur leur pelouse de Maurice-David, les hommes de Mauricio Reggiardo se prennent les pieds dans le tapis. La faute aux irrésistibles Grenoblois, mais aussi à eux. Moins expérimentés, les Aixois meurent à un point (22-23). Malgré trois essais (Martin, Colombet et Lapègue) contre un seul aux Isérois (Farissier), ils tombent de haut et n'ont que leurs yeux pour pleurer. « Nous avons été trop impatients, ça nous coûte le match », peste l'ouvreur Enzo Selponi, une fois la défaite consommée. Le FCG, lui, a pu profiter de la froideur de son ouvreur Sam Davies. Comme en barrage, mais dans un registre plus clinique qu'offensif, il s'illustre cette fois face aux perches avec 18 points au compteur, dont un drop (55e) permettant à Grenoble de prendre enfin les devants.

Béziers attendra

Vannes s'est déjà cassé les dents à plusieurs reprises en demi-finales. Trois fois exactement. En 2019, 2021 et 2023. Cette fois, c'est la bonne ! Le club breton décroche sa place en finale au terme d'une demi-finale disputée, mais où les Vannetais font la course en tête de bout en bout. Après une première période d'observation, Vannes trouve enfin la faille par son ailier Romaric Camou (36e). Un essai libérateur. Les hommes de Jean-Noël Spitzer, entraîneur du club depuis 2005 (alors qu'il évoluait en Fédérale 2), enfoncent le clou dès le début du second acte par le talonneur Cyril Blanchard (14-6, 43e). La partie s'emballe finalement dans le dernier quart d'heure avec trois essais de Paul Réau (64e) et Gabin Lorre (72e) côté Béziers. Mais Théo Béziat (69e) maintient Vannes aux avant-postes. La fin de match est électrique, mais les Biterrois ne parviennent pas à trouver la faille malgré l'indiscipline des locaux, plus réalistes. « Il nous a manqué quelque chose, souffle l'ouvreur de l'ASBH Charly Malié. Notre saison s'arrête là et c'est malheureux. J'espère qu'on va devenir un habitué des phases finales. »

> **« Nous avons été trop impatients, ça nous coûte le match. »**
>
> **Enzo Selponi, ouvreur de Provence Rugby**

Première historique pour Vannes

En s'imposant face à Grenoble en finale, Vannes accède pour la première fois de son histoire au Top 14. Une promotion dans l'élite inédite pour un club breton.

La défense bretonne ne lâche rien. Les Grenoblois ne parviennent pas à trouver la faille et n'inscrivent aucun essai.

Maxime Lafage *(ci-contre)* assure. Dans une rencontre fermée, le buteur vannetais ne tremble pas avec 11 points au pied.

Dans un stade Ernest-Wallon de Toulouse plein à craquer, Vannes attaque parfaitement sa finale. Comme la semaine passée, l'ailier Romaric Camou inscrit le premier essai de son équipe (11e) après un gros travail du demi de mêlée Michael Ruru. La suite s'apparente à une leçon de défense. Les Vannetais plient, mais ne rompent pas. Jamais même. Cette défense de fer, la meilleure de Pro D2, leur permet de toujours rester devant. « On a été monstrueux en défense dans les rucks, les gros ont fait un boulot de dingue, ils se sont envoyés comme des ânes », félicite d'ailleurs l'ouvreur Maxime Lafage. Ce dernier est également l'un des artisans de ce succès. Le buteur ne tremble pas face aux perches (11 points) dans son duel à distance face au Gallois Sam Davies, auteur des 9 points de son équipe. « Ce qui a pesé, c'est la défense et le réalisme, appuie l'entraîneur en chef Jean-Noël Spitzer. On n'a pas laissé beaucoup de points en route, avec le pied de Max [Maxime Lafage] et l'essai qu'on marque. On a été réalistes. »

« Une aventure incroyable. »

Jean-Noël Spitzer, entraîneur de Vannes

Jusqu'au bout, Grenoble, déjà battu l'an dernier en finale de Pro D2, tente de revenir pour s'offrir une prolongation. Barnabé Couilloud tape même un ultime coup de pied pour arracher un 50-22 et récupérer une dernière cartouche. En vain. Le ballon file en ballon mort. Sur la dernière mêlée, les Bretons ne tremblent pas et Jules Le Bail peut mettre fin au suspense en dégageant en touche. Vannes est champion ! « C'est une aventure assez incroyable, sourit Jean-Noël Spitzer, l'artisan de ce succès et de cette montée historique. Voir autant de monde ici, de joueurs (dans le public), que j'ai connus pour certains dans le monde amateur, c'est très fort. J'avais envie de voir mes joueurs soulever le Bouclier, d'avoir cette vue. » C'est fait !

Coupe d’Europe

Dans l'écrin moderne du Tottenham Hotspur Stadium,
le Stade Toulousain a remporté une nouvelle Coupe d'Europe.

Toulouse en patron

Le Stade Toulousain a réussi un carton plein tandis que le Stade Rochelais, double champion en titre, a galéré pour se qualifier. Les « Frenchies » placent cinq clubs en huitièmes de finale.

La Coupe d'Europe s'est fait un nouveau lifting. Léger. Les vingt-quatre équipes qualifiées sont désormais réparties en quatre poules. Chaque formation joue quatre matches contre quatre équipes différentes. Deux à domicile et deux à l'extérieur, sans affronter un club d'une même nation. Pour lancer la compétition européenne, quoi de mieux qu'un Stade Rochelais – Leinster, remake de la dernière finale remportée par les Rochelais (26-27). Excitant. Pas pour les doubles champions d'Europe. Ils subissent la loi des Irlandais à domicile (9-16). La semaine suivante, ils tombent sur la pelouse des Stormers en Afrique du Sud sur un essai à la dernière minute de jeu (21-20). Mais ces deux revers initiaux ne sont pas rédhibitoires au regard du nouveau format. Les hommes

Carton plein pour Peato Mauvaka et les Toulousains avec 20 points pour quatre victoires bonifiées.

Après des débuts ratés, les Rochelais de Paul Boudehent et Levani Botia *(ci-contre)* arrachent la qualification.

Penaud régale. Comme en Top 14, l'ailier de Bordeaux-Bègles empile les essais.

de Ronan O'Gara gagnent leurs deux derniers matches face à Leicester (45-12) et à Sale (24-37) pour assurer leur qualification en phase finale.
La palme de cette phase de poule revient aux Toulousains avec un 20/20 ! Ils remportent leurs quatre matches avec bonus face aux Harlequins, l'Ulster, Cardiff et Bath. L'Union Bordeaux-Bègles n'est pas loin de faire un carton plein aussi. Les Bordelais échouent lors du dernier match chez les Sud-Africains des Bulls où ils empochent néanmoins un double bonus (46-40). À noter leur master class face aux Saracens (55-15). À la peine en Top 14, Lyon trouve un bol d'air sur la scène européenne en ralliant la phase finale. Dernier club français qualifié : le Racing 92. Malgré trois défaites, les Franciliens arrachent le dernier ticket qualificatif grâce à leur unique victoire, bonifiée, sur Cardiff lors de la dernière journée (48-26).
Bayonne, pourtant auteur d'un nul historique sur la pelouse du Munster (17-17) et d'une victoire autoritaire sur Exeter (40-17), champion d'Europe en 2020, est éliminé avec les honneurs. En revanche, le Stade Français et Toulon, avec quatre défaites en autant de rencontres, quittent la compétition par la petite porte.

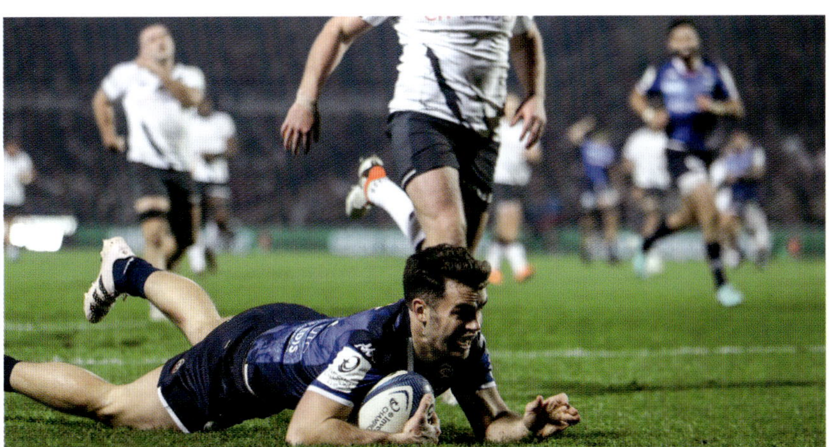

Challenge européen

Bilan mitigé pour les Français

Le Challenge européen, dont les trois précédentes éditions ont été gagnées par un club français, sert généralement à faire tourner son effectif ou lancer quelques jeunes joueurs prometteurs. Si en Champions Cup, les Frenchies trustent les premiers rôles, c'est donc moins le cas pour la « petite » Coupe d'Europe. Malgré tout, plusieurs clubs se sont illustrés. À commencer par Pau dans la poule A, d'abord humilié par les Sharks (45-5) avant de redresser la barre et de s'offrir notamment une belle victoire chez d'autres Sud-Africains, les Cheetahs (20-33). Dans la même poule, Oyonnax termine bon dernier mais sauve l'honneur avec un succès (Cheetahs également).
Dans la poule B, mal en point en Top 14, Montpellier profite du Challenge pour engranger les victoires. Les Montpelliérains l'emportent à Newcastle (19-24), devant les Ospreys (38-5) et les Lions (13-3) avant de chuter contre Trévise (27-19). Dans la même poule, Perpignan ne fait pas le poids avec quatre défaites pour autant de matches. L'objectif des Catalans est ailleurs.
Enfin, dans la poule C, Clermont (3 victoires, 1 défaite) et Castres (2 victoires, 2 défaites) assurent leur qualification pour les huitièmes de finale comme Pau et Montpellier. Avec cinq représentants, puisque Bayonne a été repêché de la Champions Cup, les Français sont au rendez-vous. Mais seulement un, Clermont, passera le cut.

Bordeaux régale

Bordeaux-Bègles confirme sa grande forme en Coupe d'Europe. Le Stade Rochelais s'en sort de justesse face aux Stormers. Ça passe aussi pour le Stade Toulousain devant le Racing 92. Fin de parcours pour le LOU face aux Bulls.

L'UBB rigole. Comme en phase de poules, Nicolas Depoortere et les Bordelais atomisent les Saracens.

Bordeaux-Bègles – Saracens : 45-12
Des Bordelais impressionnants

Les retrouvailles promettaient d'être salées après la démonstration de l'UBB en phase de poule (55-15). Malgré l'absence de leur maître à jouer Matthieu Jalibert, sans doute revenu trop tôt de sa blessure au genou contractée avec les Bleus, les hommes de Yannick Bru assurent. Un joueur en particulier : Mateo Garcia. L'ouvreur ne tremble pas. Après une première demi-heure stérile (0-0), il débloque la situation juste avant la mi-temps après un gros travail de son arrière Romain Buros (37e). Garcia double la mise en début de seconde période sur un essai de filou. Le break est fait (15-0, 49e). Il n'y a plus qu'une équipe sur le terrain. À l'heure de jeu, Bordeaux-Bègles enfonce le clou en dix minutes avec un doublé de Nicolas Depoortere (61e et 67e) et un essai de Louis Bielle-Biarrey (64e). Le score grimpe à 38-0, en mode humiliation. Les Saracens sauvent l'honneur par leur ailier Alex Lewington (72e). Mais Louis Bielle-Biarrey s'offre aussi un doublé (76e). Le dernier essai de Tom Willis (79e) n'est qu'anecdotique. Score final 45-12. L'UBB marque les esprits.

Stormers – Stade Rochelais : 21-22
Le champion toujours en vie

Il s'en est fallu d'un souffle. Un vent violent qui balaie le DHL Stadium du Cap, le champion du monde Manie Libbok qui rate la transformation de la gagne après la sirène. Le Stade Rochelais s'impose au bout du suspense, d'un petit point face aux Stormers (21-22). Un scénario quasi identique s'était joué quelques mois plus tôt en phase de poules, mi-décembre. Mais les Stormers l'avaient emporté, Manie Libbok passant ce jour-là la transformation de la gagne toujours sur le sol sud-africain (21-20). Cette fois, la pièce retombe du bon côté et le double tenant du titre peut poursuivre sa route. Les Rochelais reviennent de nulle part. À la 46e minute, ils sont menés 16-0 ! Les hommes de Ronan O'Gara remettent la marche avant sur un essai du jeune pilier gauche Louis Keziah Penverne (50e). Une pénalité d'Antoine Hastoy (55e) et un essai du capitaine Grégory Alldritt (62e) plus tard, revoilà le Stade Rochelais devant (16-17) ! L'essai de Joel Sclavi semble sceller le sort de

cette partie. Mais Antoine Hastoy ne transforme pas. Le champion reste sous la menace (16-22). L'ailier Dillyn Leyds prend un jaune (76e). Les Sud-Africains en profitent. L'ailier Suleiman Hartzenberg inscrit un essai en coin sur une passe au pied millimétrée de Libbok. Mais l'ouvreur est moins précis sur la transformation en coin. Le Stade Rochelais sauve sa peau.

Toulouse – Racing 92 : 31-7

Toulouse trop fort

Dans ce duel franco-français, le suspense est de courte durée. Intraitable en phase de poules, le Stade Toulousain poursuit son récital sur la scène européenne. Peato Mauvaka trouve la faille dès la 6e minute. Les Franciliens, peu aidés par les coups du sort (blessures de Kolisi (21e) et Naituvi (37e)) tiennent une demi-heure. Matthis Lebel (34e), Paul Costes (56e) et Pita Ahki (69e) font le job. Toulouse mène tranquillement 22-0. Eddy Ben Arous sauve l'honneur en fin de match (75e), mais la messe est dite depuis bien longtemps. Roumat s'offre un essai sur la sirène (31-7). Toulouse est au rendez-vous.

Bulls – Lyon : 59-19

Le LOU mangé

Invité surprise de la phase finale, Lyon n'a pas fait le poids en Afrique du Sud. Avec quatre essais concédés en vingt minutes (13e, 21e, 28e, 34e), malgré celui inscrit par Martin Page-Relo (31e), le LOU sombre vite face aux Bulls (26-7). La seconde période est du même acabit. Avec cinq nouveaux essais encaissés, pour seulement deux inscrits (de pénalité (47e)) et Thaakir Abrahams (56e), les Lyonnais explosent et concèdent près de soixante points (59-19). Fin de l'histoire européenne.

La Rochelle de justesse. Greg Alldritt et les Rochelais s'imposent aux forceps sur la pelouse des Stormers (21-22).

Le LOU pas invité. Les Lyonnais s'inclinent lourdement aux Bulls (59-19) en encaissant la bagatelle de neuf essais !

Le champion au tapis

Fin du rêve pour le Stade Rochelais qui ne gagnera pas une troisième Coupe d'Europe d'affilée. Le chemin de Bordeaux-Bègles s'arrête aussi. Seul le Stade Toulousain, en mode rouleau compresseur, poursuit sa route.

Soupe à la grimace pour La Rochelle. Lourde défaite face au Leinster de Dan Sheehan (40-13) en quart de finale.

Leinster – Stade Rochelais : 40-13
Le double tenant est tombé

Logiquement. Le Stade Rochelais s'incline sur la pelouse du Leinster. Une défaite sans appel (40-13). À la mi-temps, avec dix points de retard (23-13), à la grâce d'un essai de Louis Keziah Penverne – encore lui –, tout reste jouable. Mais cet écart est finalement un trompe-l'œil. Les Rochelais subissent dès le début du second acte la furia irlandaise, bien poussée par un stade de l'Aviva Stadium quasi entièrement acquis à sa cause. Le troisième-ligne Ryan Baird alourdit la marque (43e). Pour ne rien arranger, dans la foulée, les Maritimes perdent leur demi de mêlée Tawera Kerr-Barlow sur commotion (45e). Dix minutes plus tard, le talonneur Dan Sheehan corse encore un peu plus l'addition (35-13, 57e). Le Leinster propose un récital, un rugby clinique comme il en a l'habitude. En face, le double champion d'Europe multiplie les fautes défensives. James Lowe s'offre un doublé (61e) et scelle le sort du match. Le Stade Rochelais est au tapis. « C'est très très dur, cette Coupe des champions était un objectif important, glisse le capitaine Grégory Alldritt. De s'arrêter en quarts et de cette façon, ce n'était pas ce qu'on imaginait, ni ce qu'on souhaitait. »

Bordeaux-Bègles – Harlequins : 41-42
Un finish si cruel

Un match fou jusqu'au bout. Des essais, du suspense et à la fin un mini-drame. Avec en tête d'affiche Maxime Lucu, excellent jusque-là, rebasculé à la mi-temps au poste de demi d'ouverture en l'absence de Matthieu Jalibert, toujours convalescent, et de la contre-performance de Mateo Garcia, pourtant si bon la semaine passée. Il reste moins de quatre minutes à jouer. À la faveur d'un essai de Madosh Tambwe (76e), l'Union Bordeaux-Bègles est à nouveau en passe de reprendre les devants. Mais la transformation du buteur bordelais ne passe pas entre les poteaux. Le score en reste là. 41-42 dans un stade Chaban-Delmas médusé. Avec un peu

Cruel pour l'UBB. Les hommes de Maxime Lucu sont éliminés par les Harlequins à domicile d'un tout petit point (41-42).

de recul, cette élimination s'avère assez juste. Après une entame de feu, les Harlequins mènent très rapidement 14-0 (9e). L'UBB réagit sous la houlette notamment de son arrière Romain Buros (26e) et de ses feux follets Nicolas Depoortere (43e) et Louis Bielle-Biarrey (60e), avec pour ce dernier un sixième essai personnel dans la compétition (meilleur marqueur). Mais les Bordelais courent constamment après le score. La faute à une mêlée chahutée, la déception du jour. Cinq fois pénalisé, le pack girondin plombe la partie. Les Harlequins en profitent à chaque fois comme sur ce groupé-pénétrant d'école de Sam Riley (69e), récompensant le choix de la pénaltouche plutôt que celui des points. L'UBB tombe avec les honneurs, mais surtout des regrets.

Stade Toulousain – Exeter : 64-26

Toulouse impitoyable

À la mi-temps, le Stade Toulousain mène d'un point (17-16). Indisciplinés et incapables de lancer correctement leur jeu de mouvements, les Toulousains butent sur des Anglais d'Exeter agressifs en défense. Un brin d'inquiétude envahit-il l'enceinte d'Ernest-Wallon ? Pas vraiment. En dix minutes, les hommes d'Ugo Mola asphyxient les Chiefs et s'ouvrent les portes des demi-finales. Un premier coup de poignard signé Kinghorn après un pilonnage en règle des avants Rouge et Noir (48e). Puis c'est au tour de Pita Ahki de trouver la faille pour un essai en première main à la suite d'une prise d'initiative de Matthis Lebel (52e). Paul Costes, élu homme du match, décide aussi de s'illustrer d'une chistera bien inspirée en bord de touche. Un mouvement d'envergure conclut par Blair Kinghorn pour le doublé (56e). Toulouse ne s'arrête plus. Sur un ballon de récupération, Paul Costes régale encore. Antoine Dupont conclut après un dernier crochet foudroyant (59e). Un 28-0 en onze minutes chrono (45-19) qui annihile tout espoir de retour pour les Anglais. Si Zack Wimbush réduit la marque (62e), le Stade Toulousain s'offre trois nouveaux bijoux pour le plus grand plaisir des supporters (Mallia (67e et 79e), Ahki (75e)). Du grand art !

Emmenés par Antoine Dupont, les Toulousains atomisent Exeter avec neuf essais (64-26).

Toulouse enflamme le Stadium

Après deux échecs lors des deux précédentes éditions en demi-finale, le Stade Toulousain gagne enfin son billet pour la finale.

Une fois de plus, Antoine Dupont est intenable et s'offre un doublé pour guider Toulouse vers la finale.

Pour son retour dans le quinze de départ, le deuxième-ligne Thibaud Flament *(ci-contre)* s'offre un essai face aux Harlequins.

Tout est réuni pour assister à un match de folie. Deux équipes joueuses et talentueuses, un temps idéal et un Stadium de Toulouse chauffé à blanc pour cette demi-finale à domicile. Les deux équipes ne déçoivent pas et font honneur à leur réputation dans une rencontre à dix essais ! Il valait mieux être à l'heure ! Le Stade Toulousain ne tarde pas à se mettre en action. Première possession et premier essai signé Matthis Lebel après un gros travail d'Emmanuel Meafou et sautée éclair de Romain Ntamack (4e). Presque trop facile. Sauf que les Harlequins ne sont pas venus dans la ville Rose en touristes ou en victimes. Loin de là. Marcus Smith, la star de l'équipe, symbole de ce jeu flamboyant à l'excès, remet très vite son équipe dans le sens de la marche (14e). Les deux formations, comme attendu, se rendent coup pour coup. Le troisième-ligne Will Evans (24e) répond à l'essai du talonneur Peato Mauvaka quelques minutes plus tôt (18e). Ce début de match est infernal. Pas le temps de respirer. Les supporters toulousains sont en feu.

Dix minutes de folie

Les hommes d'Ugo Mola poursuivent leur festival et ne laissent aucun répit aux Quins. À peine le renvoi tapé, Thibaud Flament vient chiper un ballon dans les bras anglais et file derrière la ligne (27e). Toulouse enfonce le clou à la suite d'un doublé d'Antoine Dupont, intenable (33e, 37e). Juste avant la mi-temps, les Harlequins semblent K.-O. debout (31-12). Mais la méfiance reste

Les Harlequins ne sont pas venus dans la Ville Rose en touristes ou en victimes.

de mise. Et pour cause... Le retour des vestiaires est difficile. La machine Rouge et Noir s'enraye. Les Anglais, qui relancent à tout va, en profitent. En moins de dix minutes, tout est relancé. D'abord par un essai du troisième-ligne Cadan Murley (46e) et un second de l'arrière Tyrone Green (53e). Un 14-0 qui fait mal au cerveau. Le Stadium prend un vilain coup de clim. Les Harlequins sont revenus à cinq points (31-26). Rien n'est joué. La partie se tend.

Walker voit jaune

Le match bascule finalement à la 67e minute de jeu. Le talonneur Jack Walker, emporté par sa fougue, assène un déblayage « limite » au visage d'Antoine Dupont. Après recours à la vidéo, l'arbitre sort un carton jaune. Une infériorité fatale aux Quins. Toulouse la sanctionne dès la minute suivante. Après une pénaltouche bien négociée à 20 mètres de l'en-but, des espaces s'ouvrent. Juan Cruz Mallia en profite et inscrit un essai sur son aile (68e). Toulouse respire. La fin de match reste électrique. Mais le Stade Toulousain garde la maîtrise pour s'offrir une huitième finale européenne.

actual
REMPART
MUTUELLE
SOLVEO
ENERGIES

Toulouse monumental

Le Stade Toulousain s'est adjugé une sixième étoile européenne au terme d'un match dantesque face aux Irlandais du Leinster.

Willis le guerrier.
Le troisième-ligne anglais a été increvable durant toute la partie, notamment en défense avec 29 plaquages !

Pour résumer cette finale, nous pourrions écrire un Livre d'or uniquement consacré à ce choc entre deux monstres sacrés du rugby européen. C'était la finale attendue et elle n'a pas déçu. Même si le Leinster et le Stade Toulousain, habitués à martyriser leurs adversaires et à enfiler les essais, n'en marquent qu'un chacun lors de cet ultime épisode sur la scène européenne, la dramaturgie de ce choc, conclu en prolongations, tient toutes ses promesses avec des Toulousains héroïques à 14 pendant les dix dernières minutes de la partie. Tout va très vite et il ne faut pas arriver en retard dans le magnifique écrin du Tottenham Hotspur Stadium, lieu de cette finale rêvée.
À peine deux minutes de jeu et sur un premier ballon de récupération, le Stade Toulousain marque déjà par l'intermédiaire de Juan Cruz Mallia. Mais la vidéo invalide l'essai pour un passage en touche d'Antoine Dupont juste avant la passe pour son ailier. Premier frisson. Les Toulousains entrent bien dans la partie. La première faute est à mettre au crédit des Irlandais. Blair Kinghorn, préféré à Thomas Ramos à l'arrière, et donc buteur du jour, ne se prive pas pour ouvrir le score sur une superbe pénalité de 50 mètres (5e). Il récidive trois minutes plus tard (8e). Toulouse mène 6-0. Commence alors la mainmise du Leinster sur le ballon. C'est aussi le début de la « master class » des Rouge et Noir en défense à l'image d'un Jack Willis omniprésent pendant plus de 100 minutes. Le troisième-ligne anglais totalise 29 plaquages ! Monstrueux. Mais il n'est pas le seul à s'envoyer. Toute l'équipe est au diapason avec un total de 261 plaquages toulousains pour un pourcentage de réussite de 91 %. Énorme ! C'est 112 plaquages de plus que les Irlandais ! Cinq joueurs réalisent plus de 15 plaquages personnels. Jack Willis

Leinster 6 22-31 9 Toulouse

Arbitre : Carley (ANG). Tottenham Hostpur Stadium. 61 531 spectateurs.

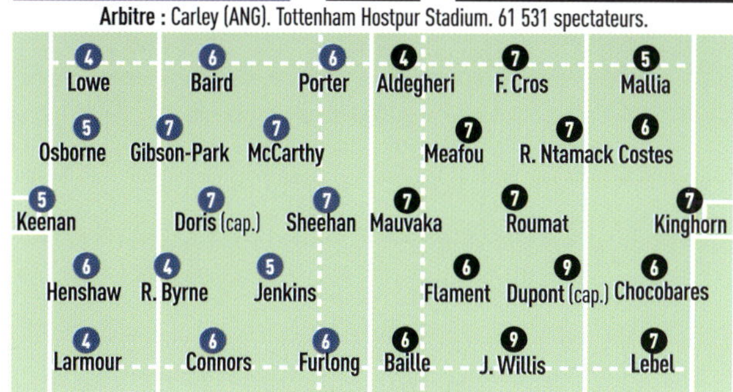

Leinster

Réalisations : 1 E, Van der Flier (90e+7) ; 5 B, R. Byrne (19e, 40e+4, 47e, 66e), Frawley (78e) ; 1 T, Frawley (90e+7). **Remplacements :** 41e : Jenkins par Ja. Ryan ; 45e : Connors par Van der Flier ; 60e : Baird par Conan ; 70e : Furlong par Ala'alatoa, R. Byrne par Frawley, Sheehan par R. Kelleher ; 92e : Porter par Healy. **Temporaire :** Porter par Healy (89e-90e). **Carton :** 1 jaune : Lowe (82e). **Entraîneur :** Cullen.

Toulouse

Réalisations : 1 E, Lebel (83e) ; 8 B, Kinghorn (5e, 8e, 37e, 58e), Ramos (71e, 89e, 93e, 96e) ; 1 T, Ramos (83e). **Remplacements :** 23e : Ahki par Chocobares ; 55e : Mauvaka par J. Marchand, Aldegheri par Merkler, Meafou par Ri. Arnold ; 58e : Baille par Neti ; 59e : Costes par Ramos ; 69e : F. Cros par J. Brennan ; 80e : J. Brennan par Meafou ; 90e : Mallia par Graou ; 92e : Meafou par F. Cros ; 96e : J. Marchand par Mauvaka. **Carton :** 1 rouge : Ri. Arnold (90e). **Entraîneur :** Mola.

Évolution du score : 0-3, 0-6, 3-6, 3-9, 6-9 (mi-temps) ; 9-9, 9-12, 12-12, 12-15, 15-15, 15-22, 15-25, 22-25, 22-28, 22-31.

Kinghorn impérial. L'arrière écossais a inscrit 12 points avant de passer le relais à Thomas Ramos.

Lebel décisif. L'ailier toulousain *(ci-contre)* a inscrit l'unique essai des siens en début de prolongations.

donc, mais aussi son compère de la troisième ligne François Cros (16), expert en la matière, ou le talonneur Peato Mauvaka (16). Plus étonnant, le demi d'ouverture Romain Ntamack (17) et l'ailier Matthis Lebel (15) prennent place dans ce classement. Preuve que le Stade Toulousain bâtit son succès dans ce secteur clé. Sans oublier les piliers Rodrigue Neti et Joel Merkler qui terminent respectivement à 10 et 12 plaquages alors qu'ils sont remplaçants au coup d'envoi !

La défense donc, mais aussi les rucks. À ce petit jeu, Jack Willis, encore lui, mais aussi Emmanuel Meafou ou Julien Marchand font mal aux joueurs du Leinster. Mais c'est surtout Antoine Dupont qui s'illustre dans ce secteur capital. Le demi de mêlée gratte quatre ballons décisifs. Du grand art. Le meilleur joueur du monde, élu « homme du match » et « joueur européen de l'année » s'offre également un récital au pied avec deux « 50-22 » chirurgicaux et un jeu au pied de pression clinique. Ajoutez-y la précision face aux perches de Blair Kinghorn et Thomas Ramos (9/10), le compte est bon. Mais la décision finale se fait néanmoins attendre. Et plusieurs sueurs froides perlent sur les fronts toulousains.

À dix minutes de la fin du temps réglementaire, Toulouse pense avoir fait le plus dur. Le score est de 12-12. Le Leinster enchaîne toujours les temps de jeu. Mais une fois de plus, sur un ballon de récupération, Toulouse trouve enfin la faille. Matthis Lebel aplatit en coin. Malheureusement, la joie est de courte durée. Nouveau recours à la vidéo et nouveau bout d'orteil en touche. La partie devient irrespirable. Nous ne sommes pas au bout de nos surprises. Ramos redonne l'avantage à son équipe (71e) mais Ciaran Frawley réplique (78e). 15-15.

Malédiction

3 Pour la troisième fois consécutivement, le Leinster s'incline en finale de Coupe d'Europe. À chaque fois face à un adversaire français. Les deux années précédentes, c'était face au Stade Rochelais. 24-21 en 2022 et 27-26 en 2023. C'est la quatrième finale perdue par les Irlandais après celle de 2019 face aux Saracens. Alors que le Leinster avait gagné ses quatre premières finales disputées : En 2009 contre Leicester (19-16), en 2011 contre Northampton (33-22), en 2012 contre l'Ulster (42-14) et en 2018 contre le Racing (15-12).

Le Leinster confisque une fois de plus le ballon. Il reste trente secondes à jouer quand Frawley déclenche un drop à près de 40 mètres. La balle de match passe… à gauche des perches ! Prolongations !

Le match s'emballe avec le carton jaune infligé à l'ailier irlandais James Lowe pour un en-avant volontaire (82e). Toulouse ne se fait pas prier et en profite dans la foulée. Matthis Lebel file derrière la ligne (83e). Ramos enfonce le clou sur pénalité (89e). Le Stade Toulousain mène de dix points (25-15). Ça commence à sentir bon. Et même très bon quand une pénalité est sifflée juste avant la mi-temps de la prolongation pour passer à +13. Réjouissance de courte durée. L'arbitre vidéo demande à revoir un geste suspicieux de Richie Arnold.

Le deuxième-ligne toulousain est coupable d'un déblayage à l'épaule contre la tête d'Healy. Monsieur Carley juge qu'il y a un haut degré de danger et aucune circonstance atténuante. Carton rouge ! Le Leinster enclenche une nouvelle fois la machine et au bout de sept minutes d'arrêt de jeu parvient enfin à marquer par Josh van der Flier. Les Irlandais reviennent à trois points (25-22). Mais il va falloir encore tenir dix minutes à 14 !
Contre toute attente, Toulouse fait finalement le break rapidement. D'abord à la suite d'un grattage de Marchand offrant une pénalité à Ramos (93e) puis sur une faute stupide de Caelan Doris (96e). Jusqu'au bout, les hommes d'Ugo Mola ne lâchent rien. Le coup de sifflet final, libérateur, retentit enfin. Le Stade Toulousain peut laisser exulter sa joie ! Quel combat !

Spécialiste

9 Le Stade Toulousain a gagné les neuf dernières finales qu'il a disputées, toutes compétitions confondues.
Les Toulousains se sont adjugé trois Coupes d'Europe (2010, 2021 et 2024) et six boucliers de Brennus (2008, 2011, 2012, 2019, 2021 et 2023). La dernière défaite en finale remonte à 2008 en Coupe d'Europe face au Munster (16-13).

Challenge européen

Les Sharks dans l'Histoire

La province des Sharks entre dans l'Histoire de la Coupe d'Europe en étant la première équipe sud-africaine à remporter une compétition européenne. Avec six champions du monde dans ses rangs dont le capitaine Eben Etzebeth, les Sud-Africains s'imposent sans trembler face aux Anglais de Gloucester (36-22). Ils mettent fin à l'hégémonie des équipes françaises dans la compétition qui avaient gagné les trois dernières éditions : Montpellier en 2021, Lyon en 2022 et Toulon en 2023. Cette année, c'est Clermont qui a été le plus loin en atteignant les demi-finales, battu cruellement d'un petit point par les futurs vainqueurs (32-31).

Les tops

1

DAMIAN PENAUD

Symbole même de la joie de jouer sans frein et des traversées de terrain débridées dans la longueur comme, parfois, dans la largeur, l'ailier de Bordeaux-Bègles et de l'équipe de France Damian Penaud est entré lors de la huitième journée dans le clan plutôt fermé des serial marqueurs du Top 14, en inscrivant quatre essais face à Perpignan, le 25 novembre. Auteur de ce festival en une seule mi-temps, il y rejoint six attaquants aussi fameux que Rupeni Caucaunibuca, Napolioni Nalaga ou David Smith, le seul à avoir réussi deux fois cet exploit et, seul avant du lot, Louis Picamoles. Moins étincelant durant le Tournoi à l'instar de toute l'attaque tricolore, il n'a inscrit qu'un essai face à l'Irlande pour s'approcher encore du record de Serge Blanco (38 en 93 capes), dont il n'était plus qu'à deux unités après 53 sélections.

2

CARTON ROUGE TEMPORAIRE

Si l'introduction brutale d'un système de « bunker », supposé permettre d'accélérer le mouvement en confiant à un arbitre vidéo le soin de décider de la couleur définitive d'un carton, a plutôt sapé l'autorité de l'arbitre de terrain et contribué à l'incompréhension générale durant le Mondial, l'expérimentation grandeur nature du carton rouge temporaire semble plutôt une bonne nouvelle. L'idée ? Lorsqu'un carton rouge sera distribué,

l'équipe sanctionnée jouera à quatorze pendant vingt minutes (au lieu de dix pour un carton jaune) avant qu'un joueur autre que le fautif ne soit autorisé à le remplacer. Le système de suspension d'un ou plusieurs matches n'évoluera pas et un carton rouge définitif pourrait rester en vigueur en cas de brutalité. Cette nouveauté, si elle est définitivement adoptée, éviterait enfin de fausser trop nettement le sort d'une rencontre dans le cas de cartons rouges précoces et pourrait aider l'arbitre de champ à prendre plus facilement ses responsabilités.

3

DROIT DE CHARGE

« Alors nous les buteurs, on va devoir se tenir comme des statues avant de se lancer », a râlé George Ford. Eh bien oui, la règle mise à jour en 2020 est formelle, qui stipule qu'un mouvement du botteur dans « n'importe quelle direction » permet à l'équipe en défense de commencer sa course vers celui-ci et que le Gallois Rio Dyer, comme Cheslin Kolbe face à Ramos pendant la Coupe du monde, avait bien le droit de monter au contre dès l'instant où il avait bougé un orteil pour se mettre en position de transformer l'essai de Ben Earl lors de pays de Galles-Angleterre.

Cette disposition pourra passer pour une bizarrerie un peu infantile ou un anachronisme mais c'est aussi une survivance des règles originelles imaginées par les gamins de la Public School de Rugby où l'essai ne valait rien d'autre que le droit d'essayer de passer la transformation pour marquer des points. Et aussi, à la marge, un moyen anecdotique de réduire l'importance des tirs au but en même temps qu'un joli pied de nez aux froideurs du rugby pourcentage. Et rien que pour cela elle mérite de survivre à la mauvaise humeur des buteurs qui n'ont pas pris soin de se reculer de quelques pas de plus au moment de placer leur tee, ainsi qu'on le conseille dès l'école de rugby.

Les flops

1

LES ANTI-PUCES

On peut certes comprendre les arguments des réfractaires aux nouveaux protège-dents équipés de puces que World Rugby a tenté d'imposer durant le Tournoi. « Certains ne jouent même pas avec des protège-dents, d'autres ont le leur, a ronchonné Thomas Ramos. Dans un match, c'est chiant de penser que le protège-dents ne te va pas bien, alors que tu as d'autres choses à faire. » Pas convaincu non plus, le coach écossais Greg Townsend a estimé qu'il y avait « encore un peu de travail à faire avant que cette technologie soit parfaite ». Peut-être parce que, deux fois durant le Tournoi, il a dû sortir un joueur pour protocole commotion après le déclenchement du mouchard placé dans ces protège-dents pour détecter tout « épisode d'accélération de la tête » d'un niveau de force G supérieur à 70 g et de 4 000 radians par seconde au carré.
À l'heure où les parents du néo-zélandais Billy-John Guyton, ex-ouvreur des Auckland Blues qui s'est probablement suicidé à 33 ans pour échapper aux tourments d'une encéphalopathie traumatique chronique, ont décidé de livrer son cerveau au scalpel d'un médecin indépendant pour tenter d'ouvrir les yeux du rugby sur les dangers de ces traumatismes crâniens à répétition, on peut se demander si tous ces râleurs ne feraient pas mieux de la fermer et d'accepter l'apport de ces nouvelles technologies qui ne leur veulent que du bien.

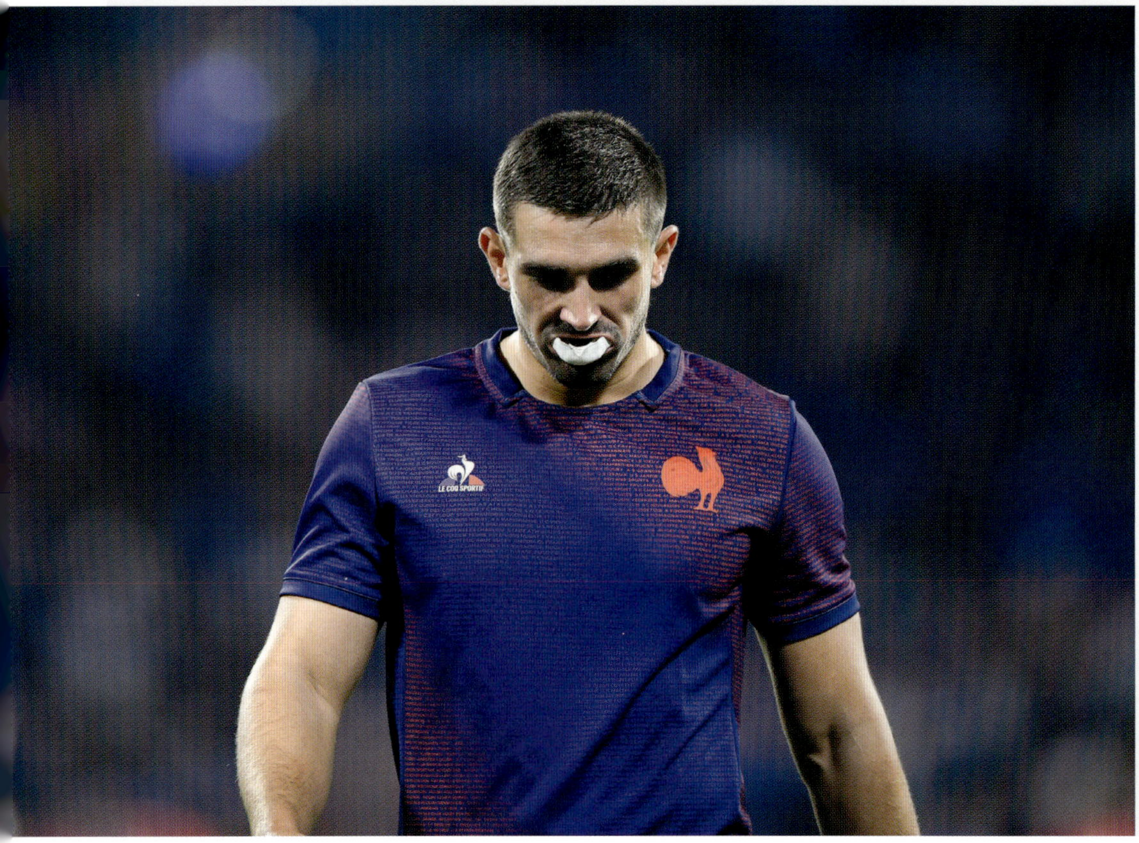

2

CHANTAGE FANTÔME

La tournée de province du Tournoi des VI Nations poussé hors les murs du Stade de France par le ripolinage de celui-ci en vue des JO de Paris a certes été un succès populaire, mais la perte de revenus liés aux dimensions des stades de Marseille, Lille et Lyon ainsi qu'à l'absence de dédommagement négocié en retour par la FFR version Bernard Laporte, semble avoir fait perdre le sens commun à Florian Grill, son nouveau président. Lancé dans des spéculations fantaisistes censées mettre la pression sur les potentiels repreneurs du Stade de France à l'heure de renégocier l'occupation d'un endroit si peu pensé pour les sports collectifs,

3

BILL BEAUMONT

C'est d'autant plus décevant que le président de World Rugby fut l'un des plus grands avants du XV de la Rose du temps où celui-ci misait tout sur son pack, son neuf et un buteur. Mais sous couvert de rationaliser les règles, les rendre plus compréhensibles pour les supporteurs et de rendre « le jeu plus divertissant et plus accessible », il laisse expérimenter un train de mesures tout entier dédié à l'accélération du jeu pour satisfaire les exigences des diffuseurs. Si certaines semblent inoffensives, il n'en va pas de même de la restriction des mauls et de la possible interdiction de choisir la mêlée sur coup franc. Rob Baxter, le coach d'Exeter, qu'on ne peut pourtant pas soupçonner d'être réfractaire au jeu de mouvement, est une nouvelle fois monté au créneau. « C'est une folie, on va arriver à un jeu que les gens ne voudront pas regarder. En réduisant la force des mêlées et des mauls, on réduit l'attrait même du rugby. Ce n'est pas seulement une question de spectacle, mais d'identité du rugby qui est en jeu. » Comment lui donner tort ? Cette obsession du mouvement perpétuel risque de mener à un ersatz de jeu à treize privé du garde-fou du décompte des « tenus ». Sans compter que moins de mêlées fermées et de mauls veut dire plus de collisions à pleine vitesse, donc plus de risques pour les cerveaux des gladiateurs qui produisent ce spectacle et donc plus de nouvelles réglementations pour tenter d'empêcher ce brutal serpent de se mordre la queue.

celui-ci s'est laissé aller à imaginer le départ du Tournoi des VI Nations pour l'étranger. « Si on veut aller chercher une fois par an une très grosse jauge, je ne m'interdis pas cette possibilité. Je l'ai dit aux deux candidats au Stade de France. Mais peut-être pas chez les Britanniques », a-t-il osé plaisanter.
Mais il est vrai que la FFR, qui a laissé passer l'occasion de disposer des ressources de son propre stade comme l'Angleterre, après avoir raté l'occasion de racheter le Stade de Colombes au Racing Club de France à la fin du règne d'Albert Ferrasse avant d'abandonner le projet lancé à Ris-Orangis au début de celui de Bernard Laporte, n'en est plus à une faute de goût près en matière d'hébergement de sa principale source de revenus.

André Boniface

La mort du Prince

Héros bifide du rugby des années 1960 aux côtés de son frère Guy, André Boniface fut toute sa vie durant un défenseur sans concession du jeu de mouvement.

Pour situer la popularité d'André Boniface, décédé le 10 avril à l'âge de 89 ans et de son frère Guy, mort à 30 ans sur une route de leurs Landes natales au matin du réveillon 1968, il suffira de rappeler que la foule des supporters du XV de France répondit présent en masse à la souscription levée par le journal *L'Équipe* pour offrir aux deux frères le voyage à Naples dont venaient de les priver les sélectionneurs au lendemain de la défaite des Tricolores à Cardiff en les excluant de l'équipe prévue pour affronter l'Italie.
« Le pack français trahi », avait titré le *Midi-Olympique*, sorte de Pravda fédérale de l'époque, dehors les « Boni » et pour toujours. Pourquoi ? Pour un coup de vent. L'histoire aura retenu qu'une rafale traversant l'Armas Park avait emporté, ce jour-là, la passe de Jean Gachassin à destination d'André pour une interception assassine de Stuart Watkins à portée de victoire française.
C'est que, comme l'écrivit Antoine Blondin, « son frère et lui formaient un couple de princes raciniens qui drainaient tous les cœurs après soi » et que, comme le fit justement remarquer Georges Bernadet, « le meilleur des deux Boni, c'était celui qui n'avait pas le ballon ». C'est aussi que l'intransigeant André avait su tirer son fantasque frère vers le haut.
Superbe athlète pour son époque (1,80 m, 84 kg), sportif d'une extrême exigence avec lui-même comme avec les autres, André Boniface fut toute sa vie durant un grand révolté – en particulier face aux erreurs d'arbitrage – avant d'être pêle-mêle un prince de l'attaque, un symbole du French flair et le réputé créateur d'une forme de course auquel l'écrivain Denis Lalanne donna le nom de « cadrage-débordement ».
48 fois international (dont 17 associées à son frère) entre 1954 et 1966, auteur en 1965 d'une illumination de match face au pays de Galles à Colombes demeuré longtemps dans les mémoires et d'un titre de champion de France au terme d'un guet-apens landais entre Mont-de-Marsan et Dax dont il ne tirait pas gloriole, il sut tout de même assouvir son instinct de gagneur avant de devenir le passeur symbole, col relevé et buste droit, d'une certaine idée du jeu qui courut de Jean Dauger à... disons Stéphane Glas, en passant par Jo Maso, François Sangalli, Didier Codorniou, Pierre Chadebech, Denis Charvet, Thierry Merlos ou, pourquoi pas, Laurent Cabannes ainsi que tous ceux plus anonymes qui portèrent, avant toute chose, le goût de la transmission et du sacrifice.
Golfeur plus superbement combatif que franchement soucieux de la règle, ami de François Mitterrand dont il partageait la table et les parties lors de ses passages à Latché, André Boniface garda jusqu'au bout ce regard sans concession sur le rugby qui fit dire, avec une remarquable mauvaise foi, à Albert Ferrasse, président de la FFR et ancien arbitre lui-même : « Votre Boniface ? Il n'a rien à faire dans le rugby. Il ne supporte pas l'injustice ! » Et on se doute que l'intraitable André prit ce coup de pied de l'âne pour un compliment.

Adieu Docteur Pack

Emblématique deuxième-ligne et capitaine tricolore des années 1950, Lucien Mias, surnommé « Docteur Pack », est mort en mai 2024, à 93 ans.

Par ses qualités humaines et sa vision d'un jeu, il a marqué durablement le rugby français. Instituteur de campagne devenu médecin gériatre, cet épicurien fit du rugby une solide parenthèse dans sa vie. Deuxième-ligne peu mobile (1,87 m, 105 kg), ce fils de gendarme fut le plus terrible des avants de sa génération.
Initié au rugby à Narbonne, formé à Carcassonne, cet enfant de la Lozère signa à Mazamet dont il fit une place forte du championnat de France avant d'étrenner sa première sélection en 1951. Avec les Bleus (29 sélections jusqu'en 1959), il a marqué l'histoire en remportant la fameuse série de tests chez les Springboks en 1958 et en gagnant le Tournoi des Cinq Nations.
Marqué par les Springboks qui l'humilièrent en 1952 à Colombes (25-3, 6 essais à rien), Lucien Mias apporta au jeu du XV de France plusieurs innovations techniques, dont la plus importante fut le « demi-tour contact », réservée aux seuls avants et directement inspirée de la tactique sud-africaine.
Son objectif : franchir le plus vite possible la ligne d'avantage sans souci du spectacle, et administrer des percussions dos tourné pour assurer au partenaire lancé à hauteur une bonne transmission de balle. On lui doit aussi la touche en mouvement, combinaison d'avants qui sera copiée ensuite par les All Blacks, permettant de percuter rapidement la défense adverse.
Il s'imposa d'abord comme l'une des poutres du pack tricolore aux côtés de Jean Prat et de Guy Basquet. Puis, il arrêta le rugby pour suivre des études de médecine à Toulouse. Son doctorat en poche, il reprit le chemin des terrains avec les Bleus en décembre 1957 après avoir perdu 20 kg.
Devenu « Docteur Pack » pour la postérité, Lucien Mias allait définitivement s'emparer du pouvoir en juillet 1958 à l'occasion de la tournée des Tricolores en Afrique du Sud. Pour la première fois, la France effectuait un voyage dans un pays membre de l'International Board. Pour la première fois depuis 1896, l'Afrique du Sud s'inclina dans une série de tests : 3-3 au Cap – ce qui était déjà un exploit –, puis 9-5 à Johannesbourg.
Passé en deux mois du rang d'équipier à celui de figure emblématique, Lucien Mias était alors l'égal du footballeur Raymond Kopa, des athlètes

Michel Jazy et Alain Mimoun, du cycliste Louison Bobet, et la direction de *L'Équipe* lui remit le trophée du Champion des champions 1959…
Cette année-là, la France termina seule en tête du Tournoi pour la première fois de son histoire.
Il choisit ensuite de se consacrer à ses patients après avoir commenté quelques matches du Tournoi des Cinq Nations.

Richard Escot

JPR Williams et Barry John

Une jonquille pour étendards

Entrés vivants dans la légende du pays de Galles, l'arrière et l'ouvreur vedettes symbolisèrent les deux vertus d'une immense génération : le courage et la hardiesse.

Et c'est comme si John Peter Rhys Williams, reconnu dans tout le monde ovale des seventies sous les initiales de JPR, et Barry John surnommé « the King » à son frêle corps défendant, n'avaient pas voulu voir ça.
Le premier est décédé avant même le début d'un Tournoi qui allait voir le pays de Galles ramasser sa neuvième cuillère de bois, la première depuis vingt ans, le deuxième s'en est allé au soir d'une défaite face à l'Écosse où les Red Dragons en guenille encaissèrent 27 points avant d'en rendre au Principality Stadium.
On dira que ces deux géants de leur temps n'étaient plus en phase avec ce rugby-là, que ça n'était plus le même jeu. Ça n'est plus le même emballage bien sûr, et il y a autant de rapport entre les vieilles taules de l'Arms Park que les joueurs rejoignaient en fendant la foule des supporters, le sac à l'épaule, depuis l'Angel Hotel voisin et le monstre de béton décapotable à la sono criarde d'aujourd'hui, qu'entre une paire de rouflaquettes et des dreadlocks fluo.
JPR Williams aura été enterré avec les siennes et s'il faut un certain

courage esthétique pour s'accrocher à un accessoire capillaire aussi daté, elle n'est rien à côté de celle qu'il déploya tout au long d'une bouillonnante carrière. Si d'aventure un jeune arrière de par chez nous veut comprendre ce que s'engager sans retenue sous une chandelle veut dire, qu'il visionne n'importe quel match du plus prestigieux, du plus sévèrement équipé, du plus chevaleresque d'entre tous les arrières de renom et en particulier celles de la brutale tournée des Lions Britanniques en Afrique du Sud en 1974.

Et si ça ne suffit pas, qu'il retrouve des images des plus tonitruants de ses plaquages ou de ces « 99 », une combinaison que l'Écossais Ian McGeechan résume ainsi : « Quand la combine était annoncée, JPR fonçait dans le tas pour donner un coup de main à ses avants et c'est souvent ceux d'en face qui reculaient ! Mais on savait tous qu'il n'y aurait pas victoire facile quand JPR jouait en face. »

Parce que si ce fils de médecins, chirurgien orthopédique lui-même, se faisait déposer en Rolls à l'entraînement à Bridgend, il passait tout le reste de celui-ci à faire oublier sa condition et à se fondre dans la rudesse bien connue d'un club dont certains avants portaient encore les traces du charbon extrait de la mine.

« Gareth (Edwards, le demi de mêlée vedette de ces années-là) pouvait être plus brillant, estime Steve Fenwick, ancien centre du pays de Galles et du Bridgend RFC. Mais JPR fut d'une constance incomparable. » Au cœur du combat comme à la relance qu'il préférait en toute occasion à un jeu au pied qui n'était pas son point fort. « Sur ce point, il a changé la façon de jouer du pays de Galles. Si une balle lui arrivait, sa première pensée était de l'attraper et de courir avec, avec un vrai sens

de ce que doit être le rugby », estime Gareth Edwards.

Titulaire des huit tests des tournées victorieuses des Lions en Nouvelle-Zélande et en Afrique du Sud, il partagea avec les supporters à la Jonquille la joie de huit victoires, dont trois Grands Chelems entre 1969 et 1978, et mit un terme à une carrière internationale de dix ans, seulement interrompue par une fracture de la mâchoire, sans avoir jamais perdu contre l'Angleterre en onze rencontres, un record qui vous classe un Gallois pour l'éternité.

Par comparaison, la trajectoire de Barry John est moins rectiligne que celle de JPR, qu'il côtoya sous le maillot rouge de 1969 à 1972. Mais au cours de six saisons à cheval entre deux générations, l'insignifiant Barry John joua aux côtés de Gareth Edwards, son compère de Cardiff, une partition d'une fluidité qui lui valut le surnom de « King ». C'est que, comme l'explique avec une belle concision le livre officiel de l'Histoire de la Fédération galloise, « la clé de sa perfection réside dans sa capacité à rendre meilleurs ses partenaires ». L'essence même du poste d'ouvreur en somme.

Vingt-cinq fois international, cinq fois Lions, vainqueur de trois Tournois mais d'aucun Grand Chelem, Barry John, qui passa le restant de sa longue existence à noyer ses fragilités et sa hantise de la gloire dans la bière, mit brutalement un terme à sa carrière le jour, expliqua-t-il, où un supporter fit une révérence au « King » dans le hall de la banque ou il travaillait.

Alain Estève
Il faut une certaine force de caractère pour assumer onze saisons durant sa sombre réputation, quand on s'est fait connaître à la France de la télévision au cri de « Estève assassin » scandé par la moitié d'un stade. C'était lors de l'éruptive finale de 1971, disputée à Bordeaux entre Béziers et Toulon, et si l'exécution à coups de pied d'André Herrero, figure de proue de la Rade, fut une œuvre collective déclenchée par Richard Astre sous le nom de code de « Roulotte », il n'est guère étonnant qu'Alain Estève ait été victime de cette populaire erreur judiciaire.
D'un gabarit exceptionnel pour l'époque – premier international français à plus de deux mètres –, doté d'une paire de battoirs et d'une gueule qui lui valut d'être classé à la deuxième place des « joueurs français les plus effrayants de tous les temps » par le *Sunday Times*, endurci par une rude enfance de fils d'ouvrier agricole élevé au milieu d e six frères au sortir de la guerre avant de se retrouver expédié en maison de redressement de 9 à 17 ans, il avait, il est vrai, la gueule de l'emploi.
Mais il fut bien davantage que l'exécuteur des hautes œuvres ou la première force de dissuasion du pack biterrois qui régna sur le rugby français pendant plus d'une décennie.
Huit fois champion de France entre 1971 et 1981, vingt fois international, avec, en point d'orgue, une victoire sur les All-Blacks en 1973, Alain Estève, décédé à 77 ans, fut aussi un fameux joueur de rugby, adroit balle en main et capable de jouer indifféremment deuxième-ligne, numéro huit ou même troisième-ligne aile coté fermé, comme lors de la victoire sur Montferrand en finale du championnat 1978.
Homme de fort caractère capable de faire virer Raoul Barrière, l'entraîneur du Grand Béziers, auquel il n'adressait plus la parole, ou de compromettre sa carrière internationale en raison d'une réputation qui déplaisait au président Ferrasse, Alain Estève restera, en dépit d'une condamnation pour proxénétisme en 2004, comme une des figures marquantes du rugby français.

Guy Camberabero
Décédé le 27 octobre 2023, à 87 ans, Guy Camberabero fut, avec son frère Lilian mort en 2015, une des figures du XV de France, chantées par Roger Couderc au milieu des années 1960. Mais s'il forma avec son frère la charnière qui fit basculer la France vers son premier Grand Chelem en 1968, le parcours des deux Voultains, originaires des Landes, ne fut pas un long fleuve tranquille.
Réputé autant pour la qualité de son jeu au pied que pour sa petite taille, « Tom Pouce », comme l'avaient surnommé les Sud-Africains, avait succédé à Pierre Albaladejo en 1964 avant d'être mis à l'écart deux saisons durant. Puis les deux frères frappèrent définitivement les imaginations en inscrivant les 24 points de la victoire sur l'Australie en 1967 à Colombes. Après avoir été l'élément clé du Grand Chelem lors des deux dernières rencontres, face à l'Angleterre et au pays de Galles, il mit un terme à sa carrière internationale pour en finir avec les polémiques qui l'opposaient dans la presse à son ami Jean Gachassin. Avant de mettre un terme à sa carrière en club, il réussit encore, grand Petit Poucet d'un club de Petits Poucets, à souffler le bouclier de Brennus 1970 à Montferrand au Stadium de Toulouse.

Pierre Montlaur
Pièce maîtresse du SU Agen des années 1980 au même titre que Philippe Sella ou Daniel Dubroca, Pierre Montlaur est décédé à 60 ans après avoir montré face à la maladie de Charcot la même détermination qu'au fil d'une carrière qui ne lui fit pas de cadeau. Buteur malheureux de la cruelle séance de tirs au but qui décida du sort de la finale 1984 face à Béziers, à tout juste 21 ans, il flirta longtemps avec l'équipe de France sans parvenir à s'imposer aux Penaud, Deylaud ou Lacroix. Souvent remplaçant, membre de la tournée victorieuse en Afrique du Sud en 1993, il ne connut que deux sélections, la première dans la tragicomédie du France-Angleterre 1992 en remplacement de Sadourny K.-O. après avoir percuté Sella sur une combinaison particulièrement ratée, la deuxième pour une victoire sans enjeu en Écosse en rentrant à la place de Lacroix. Sacré champion de France en 1988, cet homme de caractère fut ensuite co-entraîneur du Brive de Laurent Seigne, sacré champion d'Europe en 1997, après avoir mis un terme à sa carrière en 1995.

Gilles Cassagne
Centre technico-physique aux courses rectilignes, Gilles Cassagne, constitua avec Stéphane Glas, Alexandre Péclier ou Laurent Leflamand, la ligne d'attaque qui enflamma le Stade Pierre-Ramon de Bourgoin durant les grandes heures CSBJ du président Martinet. Mais c'est à l'ouverture que Cassagne, le papa de cette génération dorée, décédé brutalement à l'âge de 63 ans à son domicile de Saint-Chef en Nord-Isère, connut sa plus belle saison, en 1997, lors de la fameuse année des « trois finales » ou le petit club de la grande banlieue lyonnaise s'était illustré en Top 14, Trophée Yves-du-Manoir et Challenge Européen pour deux défaites face à Toulouse et Pau et une victoire sur Castres.
Fidèle au Nord-Isère, Gilles Cassagne occupait le poste de directeur général de la Ligue Auvergne-Rhône Alpes après avoir brièvement entraîné l'US Bressanne, Saint-Savin et Grenoble, dont il fut manager dans les années 2000-2010.

Cédric Rosalen
Le 9 janvier, le choc ressenti par le monde du rugby français en général et au sein du RC Narbonne en particulier, à l'annonce de la mort de Cédric Rosalen a été à la mesure de sa jeunesse et du souvenir de partenaire idéal qu'il a laissé dans tous les clubs où il est passé. Décédé à l'âge de 43 ans, cet ouvreur plein de facilité aura passé de longues années à Narbonne avant de poursuivre sa carrière à Perpignan, Carcassonne et Montauban, puis de devenir entraîneur à Gruissan et Corbières XV. Mais il aura surtout marqué les esprits par sa sûreté face aux perches, devenant l'un des buteurs les plus réguliers du début des années 2000. Meilleur réalisateur du championnat 2005-2006, il a détenu quinze ans le record de points inscrit dans un match (32) avant d'être dépassé d'un point par Benjamin Urdapilleta en 2021.

Hannes Strydom
Ancien deuxième-ligne des Springboks champions du monde 1995, Hannes Strydom *(ci-contre)* avait été de la terrible bataille face à la France dans le Kings Park de Durban transformé en rizière lors de la demi-finale, puis à nouveau titulaire pour battre les All Blacks après prolongations. Victime d'un accident de la circulation le 23 novembre 2023, dans la banlieue de Maputo, il est le cinquième membre de la fameuse équipe saluée par Nelson Mandela et toute la « Nation arc-en-ciel », à perdre prématurément la vie après Ruben Kruger, Joost van der Westhuizen, James Small et Chester Williams.

Christian Béguerie
Il aurait dû connaître la consécration le 14 juillet 1979 à Auckland, lors de la première victoire du XV de France en Nouvelle-Zélande. Mais une blessure mal soignée à la main et l'infection qui le contraignit à laisser sa place à Patrick Salas improvisé numéro 8 en décida autrement et il dut se contenter d'une seule sélection, celle de la lourde défaite du premier test à Christchurch. Décédé à 68 ans, ce troisième-ligne du genre abrasif, poursuivi par la malchance, avait également été privé de la finale de 1976, remportée par le SU Agen sur Béziers, par une crise d'appendicite le matin, avant de se donner une entorse du genou en percutant Dominique Erbani lors de celle remportée face à Bayonne en 1982.

Résultats

Coupe du monde

Poule A

CLASSEMENT FINAL		J.	G.	N.	P.	B.	DIFF	PTS
1.	France	4	4	0	0	2	+178	18
2.	Nouvelle-Zélande	4	3	0	1	3	+206	15
3.	Italie	4	2	0	2	2	-67	10
4.	Uruguay	4	1	0	3	1	-99	5
5.	Namibie	4	0	0	4	0	-218	0

France – Nouvelle-Zélande : 27-13
Italie – Namibie : 52-8
France – Uruguay : 27-12
Nouvelle-Zélande – Namibie : 71-3
Italie – Uruguay : 38-17
France – Namibie : 96-0
Uruguay – Namibie : 36-26
Nouvelle-Zélande – Italie : 96-17
Nouvelle-Zélande – Uruguay : 73-0
France – Italie : 60-7

Poule B

CLASSEMENT FINAL		J.	G.	N.	P.	B.	DIFF	PTS
1.	Irlande	4	4	0	0	3	+144	19
2.	Afrique du Sud	4	3	0	1	3	+117	15
3.	Écosse	4	2	0	2	2	+75	10
4.	Tonga	4	1	0	3	1	-81	5
5.	Roumanie	4	0	0	4	0	-255	0

Irlande – Roumanie : 82-8
Afrique du Sud – Écosse : 18-3
Irlande – Tonga : 59-16
Afrique du Sud – Roumanie : 76-0
Afrique du Sud – Irlande : 8-13
Écosse – Tonga : 45-17
Écosse – Roumanie : 84-0
Afrique du Sud – Tonga : 49-18
Irlande – Écosse : 36-14
Tonga – Roumanie : 45-24

Poule C

CLASSEMENT FINAL		J.	G.	N.	P.	B.	DIFF	PTS
1.	Pays de Galles	4	4	0	0	3	+84	19
2.	Fidji	4	2	0	2	3	+5	11
3.	Australie	4	2	0	2	3	-1	11
4.	Portugal	4	1	1	2	0	-39	6
5.	Géorgie	4	0	1	3	1	-249	3

Australie – Géorgie : 35-15
Galles – Fidji : 32-26
Galles – Portugal : 28-8
Australie – Fidji : 15-22
Géorgie – Portugal : 18-18
Galles – Australie : 40-6
Fidji – Géorgie : 17-12
Australie – Portugal : 34-14
Galles – Géorgie : 43-19
Fidji – Portugal : 23-24

Poule D

CLASSEMENT FINAL		J.	G.	N.	P.	B.	DIFF	PTS
1.	Angleterre	4	4	0	0	2	+111	18
2.	Argentine	4	3	0	1	2	+58	14
3.	Japon	4	2	0	2	1	+2	9
4.	Samoa	4	1	0	3	3	+17	7
5.	Chili	4	0	0	4	0	-188	0

Angleterre – Argentine : 27-10
Japon – Chili : 42-12
Samoa – Chili : 43-10
Angleterre – Japon : 34-12
Argentine – Samoa : 19-10
Angleterre – Chili : 71-0
Japon – Samoa : 28-22
Argentine – Chili : 59-5
Angleterre – Samoa : 18-17
Japon – Argentine : 27-39

Quarts de finale

14 octobre 2023
Pays de Galles – **Argentine** : 17-29
Irlande – **Nouvelle-Zélande** : 24-28

15 octobre 2023
Angleterre – Fidji : 30-24
France – **Afrique du Sud** : 28-29

Demi-finales

20 octobre 2023
Argentine – **Nouvelle-Zélande** : 6-44

21 octobre 2023
Angleterre – **Afrique du Sud** : 15-16

Finale

28 octobre 2023
Nouvelle-Zélande – **Afrique du Sud** : 11-12

Match pour la 3e place

27 octobre 2023
Argentine – **Angleterre** : 23-26

Tournoi des VI Nations masculin 2024

CLASSEMENT FINAL		J.	G.	N.	P.	B.	DIFF	PTS
1.	Irlande	5	4	0	1	4	+84	20
2.	France	5	3	1	1	1	+6	15
3.	Angleterre	5	3	0	2	2	-5	14
4.	Écosse	5	2	0	3	4	0	12
5.	Italie	5	2	1	2	1	-34	11
6.	Pays de Galles	5	0	0	5	4	-51	4

Du 2 février au 16 mars :
France – Irlande : 17-38
Italie – Angleterre : 24-27
Galles – Écosse : 26-27
Écosse – France : 16-20
Angleterre – Galles : 16-14
Irlande – Italie : 36-0
Irlande –Galles : 31-7
Écosse – Angleterre : 30-21
France – Italie : 13-13
Italie – Écosse : 31-29
Angleterre – Irlande : 23-22
Galles – France : 24-45
Galles – Italie : 21-24
Irlande – Écosse : 17-13
France – Angleterre : 33-31

Tournoi des VI Nations féminin 2024

CLASSEMENT FINAL		J.	G.	N.	P.	B.	DIFF	PTS
1.	Angleterre	5	5	0	0	5	+229	28
2.	France	5	4	0	1	3	+73	19
3.	Irlande	5	2	0	3	2	-71	10
4.	Écosse	5	2	0	3	1	-50	9
5.	Italie	5	1	0	4	3	-74	7
6.	Pays de Galles	5	1	0	4	1	-107	5

Du 23 mars au 27 avril :
France – Irlande : 38-17
Galles – Écosse : 18-20
Italie – Angleterre : 0-48
Écosse – France : 5-15
Angleterre – Galles : 46-10
Irlande – Italie : 21-27
Écosse – Angleterre : 0-46
Irlande – Galles : 36-5
France – Italie : 38-15
Angleterre – Irlande : 88-10
Italie – Écosse : 10-17
Galles – France : 0-40
Galles – Italie : 22-20
Irlande – Écosse : 15-12
France – Angleterre : 21-42

Tournoi des VI Nations U20 2024

CLASSEMENT FINAL		J.	G.	N.	P.	B.	DIFF	PTS
1.	Angleterre	5	4	1	0	5	+73	23
2.	Irlande	5	4	1	0	4	+78	22
3.	France	5	2	0	3	6	+25	14
4.	Italie	5	2	0	3	2	-2	10
5.	Pays de Galles	5	2	0	3	2	-69	10
6.	Écosse	5	0	0	5	1	-105	1

Du 2 février au 15 mars :
France – Irlande : 38-17
Galles – Écosse : 18-20
Italie – Angleterre : 0-48
Écosse – France : 5-15
Angleterre – Galles : 46-10
Irlande – Italie : 21-27
Écosse – Angleterre : 0-46
Irlande – Galles : 36-5
France – Italie : 38-15
Angleterre – Irlande : 88-10
Italie – Écosse : 10-17
Galles – France : 0-40
Galles – Italie : 22-20
Irlande – Écosse : 15-12
France – Angleterre : 21-42

Top 14

CLASSEMENT FINAL		J.	G.	N.	P.	B.	DIFF	PTS
1.	**Stade Toulousain**	26	16	1	9	10	+173	76
2.	**Stade Français Paris**	26	17	1	8	5	+28	75
3.	**Union Bordeaux-Bègles**	26	15	0	11	9	+119	69
4.	**RC Toulon**	26	15	0	11	9	+185	69
5.	**Stade Rochelais**	26	13	1	12	12	+99	66
6.	**Racing 92**	26	13	0	13	10	+76	62
7.	**Castres Olympiques**	26	13	0	13	10	+1	62
8.	**ASM Clermont-Auvergne**	26	12	2	12	9	-50	61
9.	**Section Paloise**	26	13	0	13	8	-21	60
10.	**USA Perpignan**	26	13	0	13	6	-67	58
11.	**LOU Rugby**	26	12	0	14	7	-124	55
12.	**Aviron Bayonnais**	26	11	0	15	8	-97	52
13.	**Montpellier Hérault Rugby**	26	9	0	17	8	-113	44
14.	**Oyonnax Rugby**	26	7	1	18	4	-251	34

1re journée
Bayonne – Toulouse : 26-7
Racing – Bordeaux : 23-18
Perpignan – Stade Français : 7-29
Oyonnax – Clermont : 36-17
Castres – Pau : 24-23
Lyon – Toulon : 27-15
Montpellier – La Rochelle : 26-15

J2
Stade Français – Oyonnax : 28-18
La Rochelle – Lyon : 35-14
Bordeaux – Castres : 25-23
Clermont – Perpignan : 38-14
Pau – Racing : 19-17
Toulon – Bayonne : 19-14
Toulouse – Montpellier : 38-13

J3
Oyonnax – Toulouse : 21-27
Castres – Bayonne : 37-0
Stade Français – Montpellier : 24-9
Pau – Lyon : 40-10
Racing – Perpignan : 59-10
Clermont – La Rochelle : 11-10
Bordeaux – Toulon : 22-17

J4
Bayonne – Stade Français : 16-3
Perpignan – Pau : 24-39
Lyon – Clermont : 41-22
Montpellier – Racing : 16-19
Toulon – Oyonnax : 41-7
La Rochelle – Castres : 24-27
Toulouse – Bordeaux : 29-22

J5
Oyonnax – La Rochelle : 19-17
Clermont – Bayonne : 46-14
Stade Français – Castres : 39-16
Perpignan – Toulon : 26-22
Bordeaux – Montpellier : 26-13
Racing – Lyon : 22-20
Pau – Toulouse : 13-9

J6
Toulouse – Perpignan : 43-34
Castres – Oyonnax : 39-11
Lyon – Stade Français : 32-36
Montpellier – Clermont : 17-20
Pau – Bordeaux : 20-11
La Rochelle – Bayonne : 18-15
Toulon – Racing : 31-26

J7
Stade Français – Racing : 9-13
Clermont – Toulon : 27-30
Bayonne – Pau : 35-16
Perpignan – Montpellier : 23-16
Oyonnax – Lyon : 38-20
Castres –Toulouse : 31-23
La Rochelle – Bordeaux : 25-21

J8
Toulon – Castres : 41-19
Bordeaux – Perpignan : 46-22
Lyon – Bayonne : 42-29
Montpellier – Oyonnax : 21-26
Pau – Stade Français : 30-6
Toulouse – Clermont : 31-10
Racing – La Rochelle : 32-10

J9
Toulon – Pau : 36-13
La Rochelle – Perpignan : 35-6
Bayonne – Montpellier : 34-19
Oyonnax – Bordeaux : 23-29
Castres – Lyon : 29-14
Clermont – Racing : 23-18
Stade Français – Toulouse : 27-12

J10
Perpignan – Bayonne : 36-10
Bordeaux – Lyon : 46-10
Montpellier – Castres : 30-21
Racing – Oyonnax : 66-10
Pau – Clermont : 22-11
Stade Français – La Rochelle : **18-13**
Toulouse – Toulon : 25-17

J11
Oyonnax – Pau : 34-13
Clermont – Bordeaux : 35-40
Lyon – Montpellier : 20-18
Bayonne – Racing : 27-23
Toulon – Stade Français : 19-5
La Rochelle – Toulouse : 29-8
Castres – Perpignan : 13-17

J12
Pau – La Rochelle : 20-29
Racing – Castres : 34-30
Perpignan – Oyonnax : 27-12
Bordeaux – Bayonne : 24-23
Stade Français – Clermont : 14-14
Toulouse – Lyon : 45-0
Montpellier – Toulon : 27-17

J13
Bordeaux – Stade Français : 26-30
Castres – Clermont : 20-23
Lyon – Perpignan : 36-24
Montpellier – Pau : 22-17
Bayonne – Oyonnax : 21-17
Toulon – La Rochelle : 25-23
Racing – Toulouse : 20-27

J14
Perpignan – Racing : 26-5
Oyonnax – Stade Français : 19-23
Clermont – Lyon : 38-21
La Rochelle – Montpellier : 18-10
Pau – Castres : 33 – 44
Toulouse – Bayonne : 46-26
Toulon – Bordeaux : 32-37

J15
Lyon – La Rochelle : 28-17
Stade Français – Perpignan : 32-19
Racing – Montpellier : 20-44
Toulouse – Oyonnax : 61-34
Bordeaux – Pau : 10-20
Bayonne – Clermont : 21-13
Castres – Toulon : 25-17

J16
Montpellier – Bayonne : 28-23
Pau – Toulon : 17-9
Perpignan – La Rochelle : 27-15
Castres – Bordeaux : 41 – 12
Lyon – Oyonnax : 43-26
Racing – Stade Français : 11-27
Clermont – Toulouse : 33-37

J17
Toulouse – Castres : 33-6
Stade Français – Pau : 25-12
Toulon – Perpignan : 44-22
Bayonne – Lyon : 39-10
Oyonnax – Montpellier : 35-39
Bordeaux – Racing : 21-5
La Rochelle – Clermont : 42-3

J18
La Rochelle – Stade Français : 23-3
Lyon – Castres : 34-19
Montpellier – Bordeaux : 10-3
Pau – Bayonne : 42-40
Clermont – Oyonnax : 15-15
Perpignan – Toulouse : 27-17
Racing – Toulon : 20-6

J19
Toulon – Montpellier : 54-7
Oyonnax – Perpignan : 14-15
Castres – Racing : 21-23
Clermont – Pau : 31-28
Stade Français – Lyon : 22-13
Bayonne – La Rochelle : 13-12
Bordeaux – Toulouse : 31-28

J20
Montpellier – Stade Français : 10-12
Perpignan – Castres : 43-12
La Rochelle – Oyonnax : 40-21
Lyon – Bordeaux : 27-10
Racing – Clermont : 26-10
Toulouse – Pau : 31-29
Bayonne – Toulon : 10-46

J21
Castres – La Rochelle : 25-24
Perpignan – Lyon : 51-20
Oyonnax – Racing : 13-43
Stade Français – Bayonne : 28-24
Pau – Montpellier : 31-23
Toulon – Toulouse : 20-19
Bordeaux – Clermont : 41-7

J22
Toulouse – Racing : 32-12
Bayonne – Bordeaux : 15-34
Oyonnax – Castres : 22-19
Lyon – Pau : 38-20
Montpellier – Perpignan : 20-25
Clermont – Stade Français : 41-18
La Rochelle – Toulon : 27-17

J23
Perpignan – Clermont : 28-35
Castres – Montpellier : 27-26
Pau – Oyonnax : 39-17
Racing – Bayonne : 28-37
Toulon – Lyon : 30-24
Bordeaux – La Rochelle : 34-14
Toulouse – Stade Français : 49-18

J24
Montpellier – Toulouse : 22-29
Bayonne – Perpignan : 23-20
Oyonnax – Toulon : 17-27
Lyon – Racing : 20-14
Clermont – Castres : 36-20
La Rochelle – Pau : 25-23
Stade Français – Bordeaux : 22-18

J25
Racing – Pau : 24-15
Perpignan – Bordeaux : 37-30
Oyonnax – Bayonne : 27-20
Castres – Stade Français : 27-18
Montpellier – Lyon : 41-26
Toulon – Clermont : 52-10
Toulouse – La Rochelle : 31-31

J26
Bayonne – Castres : 17-28
Bordeaux – Oyonnax : 40-7
Clermont – Montpellier : 52-15
La Rochelle – Racing : 24-19
Lyon – Toulouse : 40-28
Stade Français – Toulon : 23-20
Pau – Perpignan : 36-24

Barrages

15 juin 2024
Toulon – **La Rochelle** : 29-34
16 juin 2024
Bordeaux – Racing : 31-17

Demi-finales

21 juin 2024
Toulouse – La Rochelle : 39-23
22 juin 2024
Stade Français – **Bordeaux** : 20-22

Finale

28 juin 2024
Toulouse – Bordeaux : 59-3

Access match

16 juin 2024
Grenoble – **Montpellier** : 18-20

Coupe d'Europe

Poule A

CLASSEMENT FINAL	J.	G.	N.	P.	B.	DIFF	PTS
1. Bordeaux-Bègles	4	3	0	1	5	+89	17
2. Blue Bulls	4	3	0	1	3	+30	15
3 LOU Rugby	4	2	0	2	4	-2	12
4. Saracens	4	2	0	2	2	-17	10
5. Connacht	4	1	0	3	2	-52	6
6. Bristol	4	1	0	3	1	-48	5

Connacht – Bordeaux : 5-41
Blue Bulls – Saracens : 27-16
Bristol – Lyon : 36-34
Saracens – Connacht : 55-36
Bordeaux – Bristol : 36-17
Lyon – Blue Bulls : 29-28
Lyon – Connacht : 34-20
Bristol – Blue Bulls : 17-31
Bordeaux – Saracens : 55-15
Connacht – Bristol : 27-10
Blue Bulls – Bordeaux : 46-40
Saracens – Lyon : 39-24

Poule B

CLASSEMENT FINAL	J.	G.	N.	P.	B.	DIFF	PTS
1. Stade Toulousain	4	4	0	0	4	+109	20
2. Harlequins	4	3	0	1	3	+42	15
3 Bath	4	3	0	1	3	+22	15
4. Racing 92	4	1	0	3	4	-1	8
5. Ulster	4	1	0	3	1	-59	5
6. Cardiff	4	0	0	4	3	-113	3

Bath – Ulster : 37-14
Toulouse – Cardiff : 52-7
Racing – Harlequins : 28-31
Cardiff – Bath : 32-39
Ulster – Racing : 31-15
Harlequins – Toulouse : 19-47
Ulster – Toulouse : 24-48
Cardiff – Harlequins : 15-54
Bath – Racing : 29-25
Harlequins – Ulster : 47-19
Racing – Cardiff : 48-26
Toulouse – Bath : 31-19

Poule C

CLASSEMENT FINAL	J.	G.	N.	P.	B.	DIFF	PTS
1. Northampton	4	4	0	0	2	+62	18
2. Exeter	4	3	0	1	1	+12	13
3 Glasgow	4	2	0	2	2	+14	10
4. Munster	4	1	1	2	3	0	9
5. Aviron Bayonnais	4	1	1	2	2	-25	8
6. RC Toulonnais	4	0	0	4	2	-39	2

Glasgow – Northampton : 19-28
Toulon – Exeter : 18-19
Munster – Bayonne : 17-17
Northampton – Toulon : 22-19
Bayonne – Glasgow : 11-12
Exeter – Munster : 32-24
Northampton – Bayonne : 61-14
Exeter – Glasgow : 19-17
Toulon – Munster : 18-29
Glasgow – Toulon : 29-5
Munster – Northampton : 23-26
Bayonne – Exeter : 40-17

Poule D

CLASSEMENT FINAL	J.	G.	N.	P.	B.	DIFF	PTS
1. Leinster	4	4	0	0	3	+70	19
2. Stormers	4	3	0	1	2	+3	14
3 Stade Rochelais	4	2	0	2	4	+38	12
4. Leicester	4	2	0	2	1	-38	9
5. Sale	4	1	0	3	2	-7	6
6. Stade Français	4	0	0	4	2	-66	2

Sale – Stade Français : 28-5
La Rochelle – Leinster : 9-16
Leicester – Stormers : 35-26
Stormers – La Rochelle : 21-20
Leinster – Sale : 37-27
Stade Français – Leicester : 24-27
Leinster – Stade Français : 43-7
Stormers – Sale : 31-24
La Rochelle – Leicester : 45-12
Leicester – Leinster : 10-27
Stade Français – Stormers : 20-24
Sale – La Rochelle : 24-37

Huitièmes de finale

5 avril 2024
Harlequins – Glasgow : 28-24

6 avril 2024
Blue Bulls – Lyon : 59-19
Stormers – **La Rochelle** : 21-22
Exeter – Bath : 21-15
Bordeaux – Saracens : 45-12
Leinster – Leicester : 36-22

7 avril 2024
Northampton – Munster : 24-14
Toulouse – Racing : 31-7

Quarts de finale

13 avril 2024
Bordeaux – **Harlequins** : 41-42
Leinster – La Rochelle : 40-13
Northampton – Blue Bulls : 59-22

14 avril 2024
Toulouse – Exeter : 64-26

Demi-finales

4 mai 2024
Leinster – Northampton : 20-17
5 mai 2024
Toulouse – Harlequins : 38-26

Finale

25 mai 2024
Leinster – **Toulouse** : 22-31

Challenge européen

Poule A

CLASSEMENT FINAL	J.	G.	N.	P.	B.	DIFF	PTS
1. Sharks	4	3	0	1	5	+88	17
2. Section Paloise	4	3	0	1	0	-23	12
3. Cheetahs	4	2	0	2	3	+7	11
4. Zebre Parme	4	2	0	2	2	+9	10
5. Dragons RFC	4	1	0	3	3	-9	7
6. Oyonnax Rugby	4	1	0	3	2	-54	6

Zebre Parme – Cheetahs : 15-33
Sharks – Pau : 45-5
Dragons RFC – Oyonnax : 24-7
Oyonnax – Zebre Parme : 14-21
Pau – Dragons RFC : 24-21
Cheetahs – Sharks : 32-29
Sharks – Oyonnax : 38-7
Zebre Parme – Dragons RFC : 20-17
Cheetahs – Pau : 20-33
Pau – Zebre Parme : 28-27
Oyonnax – Cheetahs : 28-27
Dragons RFC – Sharks : 9-29

Poule B

CLASSEMENT FINAL	J.	G.	N.	P.	B.	DIFF	PTS
1. Trévise	4	3	0	1	3	+60	15
2. Montpellier Hérault Rugby	4	3	0	1	2	+40	14
3. Ospreys	4	3	0	1	2	+8	14
4. Lions	4	2	0	2	2	+18	10
5. Newcastle	4	1	0	3	1	-57	5
6. USA Perpignan	4	0	0	4	0	-69	0

Ospreys – Trévise : 43-34
Perpignan – Lions : 12-28
Newcastle – Montpellier : 19-24
Trévise – Perpignan : 29-7
Lions – Newcastle : 35-13
Montpellier – Ospreys : 38-5
Newcastle – Trévise : 18-57
Ospreys – Perpignan : 25-3
Montpellier – Lions : 13-3
Trévise – Montpellier : 27-19
Perpignan – Newcastle : 23-32
Lions – Ospreys : 28-38

Poule C

CLASSEMENT FINAL	J.	G.	N.	P.	B.	DIFF	PTS
1. Gloucester	4	4	0	0	1	+47	17
2. ASM Clermont-Auvergne	4	3	0	1	3	+56	15
3. Édimbourg	4	2	0	2	3	+11	11
4. Castres Olympique	4	2	0	2	2	-3	10
5. Black Lion	4	1	0	3	1	-44	5
6. Llanelli Scarlets	4	0	0	4	0	-67	0

Clermont – Édimbourg : 31-18
Black Lion – Gloucester : 10-15
Castres – Scarlets : 34-16
Scarlets – Black Lion : 7-23
Gloucester – Clermont : 28-17
Édimbourg – Castres : 34-21
Clermont – Scarlets : 38-17
Castres – Black Lion : 28-6
Édimbourg – Gloucester : 20-21
Gloucester – Castres : 35-5
Scarlets – Édimbourg : 19-31
Black Lion – Clermont : 3-36

Huitièmes de finale

5 avril 2024
Gloucester – Castres : 30-25
6 avril 2024
Clermont – Cheetahs : 27-22
Trévise – Lions : 27-17
Ospreys – Sale : 23-15
Édimbourg – Bayonne : 33-15

7 avril 2024
Montpellier – **Ulster** : 17-40
Sharks – Zebre Parme : 47-3
Pau – **Connacht** : 30-40

Quarts de finale

12 avril 2024
Gloucester – Ospreys : 23-13
13 avril 2024
Clermont – Ulster : 53-14
Sharks – Édimbourg : 36-30
14 avril 2024
Trévise – Connacht : 39-24

Demi-finales

4 mai 2024
Sharks – Clermont : 32-31
Gloucester – Trévise : 40-23

Finale

24 mai 2024
Gloucester – **Sharks** : 22-36

Pro D2

CLASSEMENT FINAL	J.	G.	N.	P.	B.	DIFF	PTS
1. Provence Rugby	30	20	2	8	11	+171	95
2. RC Vannes	30	17	2	11	17	+269	89
3. AS Béziers Hérault	30	17	1	12	10	+74	80
4. FC Grenoble Rugby	30	19	0	11	11	+132	79
5. US Dax	30	17	1	12	7	-57	77
6. CA Brive	30	16	1	13	10	+106	76
7. USON Nevers	30	15	0	15	15	+72	75
8. Stade Montois Rugby	30	15	1	14	12	+125	74
9. Stade Aurillacois	30	14	1	15	6	-171	64
10. Colomiers Rugby	30	13	1	16	10	+4	64
11. Valence Romans	30	13	0	17	10	-17	62
12. Soyaux-Angoulême XV	30	13	2	15	6	-53	62
13. SU Agen	30	13	1	16	7	-135	61
14. Biarritz Olympique PB	30	11	0	19	9	-193	53
15. US Montalbanaise	30	11	0	19	7	-178	51
16. Rouen Normandie Rugby	30	9	1	20	10	-149	48

Barrages

23 mai 2024
Grenoble – Dax : 58-10
24 mai 2024
Béziers – Brive : 33-31

Demi-finales

30 mai 2024
Aix-en-Provence – **Grenoble** : 22-23
31 mai 2024
Vannes – Béziers : 27-21

Finale

8 juin 2024
Vannes – Grenoble : 16-9